모르면 창피한
세계 대문제

SHIRANAITO HAJI O KAKU SEKAI NO DAIMONDAI 13
GENDAISHI NO DAITENKANTEN
©Akira Ikegami 2022
First published in Japan in 2022 by KADOKAWA CORPORATION, Tokyo.
Korean translation rights arranged with
KADOKAWA CORPORATION, Tokyo through BC Agency.

모르면 창피한
세계 대문제

- 현대사의 대전환점 -

이케가미 아키라 지음 ┃ 이정용 옮김

contents

인간이 배울 수 있는 것은 바로 과거의 역사를 통해서이다.
역사를 배움으로써 정치가들이 하려는 것들도 보일 것이다. 그것이 역사를 배우는 의의이다.

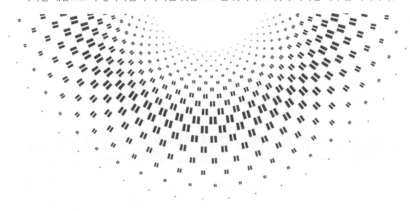

세계는
새로운 시대를 맞이하였다

러시아의 우크라이나 침공
새로운 시대를 맞이한 세계

2022년 2월 러시아의 우크라이나 침공으로 큰 충격을 받은 세계
시곗바늘이 거꾸로 돌아간 듯한 현대사의 대전환점
세계는 어디로 향하는 것일까. 일본은 어찌해야만 할까?

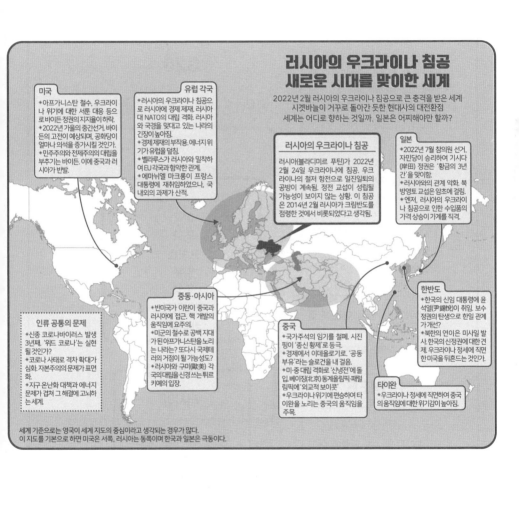

미국
✦아프가니스탄 철수, 우크라이나 위기에 대한 서툰 대응 등으로 바이든 정권의 지지율이 하락.
✦2022년 가을의 중간선거. 바이든의 고전이 예상되며, 공화당이 얼마나 의석을 증가시킬 것인가.
✦민주주의와 전제주의의 대립을 부추기는 바이든. 이에 중국과 러시아가 반발.

유럽 각국
✦러시아의 우크라이나 침공으로 러시아에 경제 제재. 러시아 대 NATO의 대립 격화. 러시아와 국경을 맞대고 있는 나라의 긴장이 높아짐.
✦경제제재의 부작용. 에너지위기가 유럽을 덮침.
✦벨라루스가 러시아와 밀착하여 EU 각국과 험악한 관계.
✦에마뉘엘 마크롱이 프랑스 대통령에 재임되었으나, 국내외의 과제가 산적.

러시아의 우크라이나 침공
러시아(블라디미르 푸틴)가 2022년 2월 24일 우크라이나에 침공. 우크라이나의 철저 항전으로 일진일퇴의 공방이 계속됨. 정전 교섭이 성립될 가능성이 보이지 않는 상황. 이 침공은 2014년 2월 러시아가 크림반도를 점령한 것에서 비롯되었다고 생각됨.

일본
✦2022년 7월 참의원 선거. 자민당이 승리하여 기시다(岸田) 정권은 '황금의 3년 간'을 맞이함.
✦러시아와의 관계 악화. 북방영토 교섭은 암초에 걸림.
✦엔저, 러시아의 우크라이나 침공으로 인한 수입품의 가격 상승이 가계를 직격.

인류 공통의 문제
✦신종 코로나바이러스 발생 3년째. '위드 코로나'는 실현될 것인가?
✦코로나 사태로 격차 확대가 심화. 자본주의의 문제가 표면화.
✦지구 온난화 대책과 에너지 문제가 겹쳐 그 해결에 고뇌하는 세계.

중동·아시아
✦반미국가 이란이 중국과 러시아에 접근. 핵 개발의 움직임에 요주의.
✦미군의 철수로 공백 지대가 된 아프가니스탄을 노리는 나라는? 또다시 국제테러의 거점이 될 가능성은?
✦러시아와 구미(歐美) 각국의 대립을 신경 쓰는 튀르키예의 입장.

중국
✦국가주석의 임기를 철폐. 시진핑이 '종신 황제'로 등극.
✦경제에서 이데올로기로. '공동 부유'라는 슬로건을 내 걸음.
✦미·중 대립 격화로 '신냉전'에 돌입. 베이징(北京) 동계올림픽·패럴림픽에 '외교적 보이콧'
✦우크라이나위기에 편승하여 타이완을 노리는 중국의 움직임을 주목.

한반도
✦한국의 신임 대통령에 윤석열(尹錫悅)이 취임. 보수 정권의 탄생으로 한일 관계 개선?
✦북한의 연이은 미사일 발사. 한국의 신정권에 대한 견제. 우크라이나 정세에 직면한 미국을 뒤흔드는 것인가.

타이완
✦우크라이나 정세에 직면하여 중국의 움직임에 대한 위기감이 높아짐.

세계 기준으로는 영국이 세계 지도의 중심이라고 생각되는 경우가 많다.
이 지도를 기본으로 하면 미국은 서쪽, 러시아는 동쪽이며 한국과 일본은 극동이다.

세계의 분단으로 기본 틀에 변화가!?

선진국만으로는 세계의 문제는 해결되지 않는다.
그래서 21세기 세계의 커다란 기본 틀이 만들어졌지만,
러시아의 우크라이나 침공으로 그 기본 틀에도 영향이……

G8만으로는 세계의 문제를 해결할 수 없다고 생각한 결과, 세계의 의사를 통합하는 새로운 모임이 만들어졌다. 2022년에는 10월에 인도네시아에서 개최.

과거의 서밋(주요 7개국 정상회담)은 이들 7개국에서 열렸다. 1990년에 러시아가 추가되어 G8이되었지만, 우크라이나·크림반도 문제로 2014년 서밋에서는 G8에서 러시아를 제외. 2020년에는 코로나로 중단되었다가 2022년에 독일에서 개최.

급성장하는 신흥국의 머리글자를 따서 BRICs로 불렸다. 남아프리카를 포함하여 BRICS이라고도.

MEF

MEF Major Economies Forum
주요 경제국 포럼

에너지 및 기후 변화에 대하여 세계의 주요국이 토의. '지구온난화 문제'에 대해서는 1992년 지구 서밋에서 채택된 '기후 변화 협약'의 당사국들이 모여 COP(Conference of the Parties, 당사국 총회)을 매년 개최. COP21에서는 파리협정이 채택되었다.

G20
Group of Twenty
(선진국 및 신흥국 등 주요 20개국·지역)

G8
Group of Eight

G7
Group of Seven

미국
영국
프랑스
일본
독일
이탈리아
캐나다

BRICs
러시아

중국·브라질·인도

한국·멕시코
호주·남아프리카
오스트레일리아·EU(유럽연합)
사우디아라비아
튀르키예·아르헨티나

국제사회의 조정역 국제연합(UN)의 역할

세계화가 진행됨에 따라,
국가 간의 문제, 세계 전체에 관한 문제 등이 증가하고 있다.
그 조정을 행하는 것이 국제연합(UN)인데……

국제연합
(UN)

아래 6개의 주요 기관과 관련 기관, 전문 기관으로 이루어진 국제 조직

경제사회 이사회

경제·사회·문화·교육·보건 분야에서의 활동을 담당.

신탁통치 이사회

독립하지 않은 신탁통치 지역의 자치·독립을 향한 도움을 담당(1994년 파라오의 독립 후, 그 작업을 정지함)

국제사법 재판소

국제적인 분쟁의 조정을 담당.

※ 세계무역기구(WTO), 국제원자력기구(IAEA) 등의 관련 기관과 국제노동기구(ILO), 국제 연합교육과학문화기구(UNESCO), 세계보건기구(WHO), 국제부흥개발은행(세계은행), 국제 통화기금(IMF) 등의 전문 기관이 있음.

총회

2021년 7월 현재, 가맹국은 193개국이며, 가맹국 전체가 참가하는 회의. 각국이 1표의 표결권을 가지며, 매년 1번 9월에 총회가 개최된다.

사무국

사무국의 수장이 국제연합 사무총장임. 현 사무총장은 포르투갈 출신의 안토니 오 구테레스

일본은 2016년 1월부터 비상임이사국(2017년 12월 31일 임기 만료). 2022년 안보리 비상임이사국 선거에 입후보하여 2022년 6월 9일 투표 결과 6년 만에 다시 선출됨. 국제연합 가맹국 가운데 최다인 12회째. 임기는 2023년 1월부터 2년간.

안전보장이사회
(안보리)

국제 평화와 안전에 중요한 책임을 갖는다. 15개국으로 구성.

상임이사국

 미국

러시아

(1991년 12월부터 러시아. 그 이전에는 소련)

 영국

 프랑스

 중국

(1971년 10월부터 중화인민공화국. 그 이전에는 중화민국=타이완)

비상임이사국

10개국. 총회에서 2년 임기로 선출됨.

아시아 태평양 지역을 중심으로 한 무역의 주도권 다툼

태평양을 둘러싼 환태평양의 국가들이 국경을 넘어서 물자, 금전, 사람이
자유로이 왕래할 수 있는 자유무역의 기본 틀 구축을 추진하고 있다.
대표적인 것이 TPP와 RCEP. TPP에서 이탈한 미국, RCEP 교섭에서 이탈한
인도, TPP 참가를 신청한 영국, 중국, 타이완 등 각 국의 움직임을 눈여겨볼 것.

EPA
FTA를 바탕으로 노동자의 이동
자유화 등을 포함한 결정.

FTA
2개의 국가 또는 지역 간에 관세 등
무역상 장벽을 제거하기 위한 결정.

RCEP
(역내포괄적경제동반자협정)
(ASEAN+6)

중국　　한국

ASEAN과 일본, 중국, 한국, 인도, 오스트레일리아, 뉴질랜드가 경제 협력 및 경제 위기 대응을 위한 협력을 목표. 그러나 인도가 교섭으로부터 철퇴를 표명. 2022년 3월 현재, 12개국에서 발효.

ASEAN
(동남아시아국가연합)

인도네시아	필리핀
캄보디아	미얀마
태국	라오스

2015년 말, ASEAN 경제공동체(AEC)가 발족. ASEAN 판 TPP와 같은 이미지.

싱가포르★
브루나이★
베트남
말레이시아

★표는 TPP 발족 당시부터의
가맹국

일본

오스트레일리아
뉴질랜드★

싱가포르, 뉴질랜드, 칠레, 브루나이 4개국이 2006년에 맺은 태평양 지역의 포괄적인 자유 무역협정(FTA)이 시작임. 미국, 오스트레일리아, 일본 등 12개국이 참가하였으나 트럼프 정권 발족 후 미국이 이탈을 표명. 그 후 미국을 제외한 11개국이 TPP 11로 전환(2018년 12월 발족)

TPP
(환태평양 경제동반자협정)

| 캐나다 | 멕시코 |
| 칠레★ | 페루 |

EU
(유럽연합)
유럽에서의 경제 협력 체제. 공동 통화인 유로를 도입. 영국이 탈퇴(브렉시트)

EPA

구미(歐美) FTA
*검토 중

미일무역협정

미국

NAFTA
(북미자유무역협정)

APEC
(아시아 태평양 경제협력체)
미국, 러시아, 중국 등의 대국을 비롯하여 아시아 태평양의 21개국·지역이 참가하는 경제 협력의 기본 틀. 2040년까지 '개방되고 강력한 아시아 태평양공동체'를 목표로 함.

RCEP 교섭에서 이탈

인도　　일본·인도 EPA

TPP 참가를 신청
영국
중국　　타이완

제1차 세계대전 이전의 대립 구도

역사상 최초의 세계 규모의 전쟁. 현재의 중동문제 등의 씨를 뿌렸다는
부정적인 유산을 남긴 제1차 세계대전.
발칸반도를 둘러싼 문제가 피어오르는 가운데,
사라예보에서 오스트리아 황태자가 암살된 사건이 전쟁발발의 도화선이 되었다.
신흥 세력이었던 독일과 그때까지의 열강국의 대립이라고도 할 수 있다.

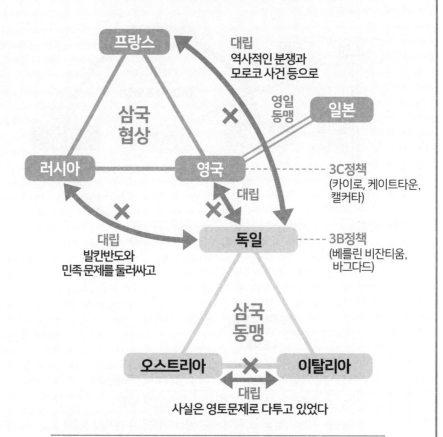

1914년	사라예보 사건 ▶ 제1차 세계대전으로
1918년	제1차 세계대전 종결
1919년	파리강화회의 ▶ 베르사이유조약 체결(전후 체제의 확립)
1920년	국제연맹 성립

제2차 세계대전 이전의 대립 구도

세계 공황과 파시즘(전체주의)이 대두하는 가운데,
히틀러의 독일, 무솔리니의 이탈리아, 그리고 일본의
3국 군사동맹을 중심으로 하는 추축국과 미국, 영국, 프랑스, 네덜란드,
중국, 소련 등의 연합국 사이에서 일어난 두 번째의 세계 규모의 전쟁.
인류 역사상 최대의 민간인 희생자가 나왔다.

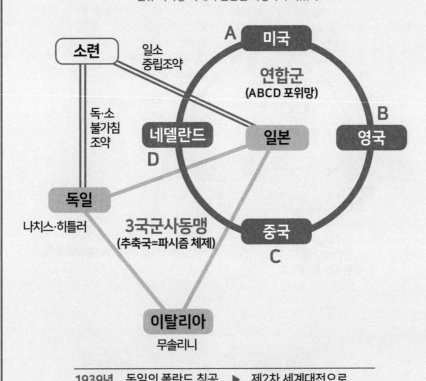

1939년	독일의 폴란드 침공 ▶ 제2차 세계대전으로
1941년	일본의 진주만 공격 ▶ 미일전쟁 발발
1945년	미국, 영국, 소련에 의한 얄타회담(전후 체제를 토의)
	일본(히로시마, 나가사키)에 원자탄 투하
	일본, 포츠담선언 수락 ▶ 제2차 세계대전 종결
	국제연합(UN) 성립
1951년	샌프란시스코강화조약 체결(전후 체제의 확립)

세계의 3대 종교는?

세계에는 많은 종교가 있으며, 사람들의 삶에 밀접하게 관련되어 있다.
종교가 인간으로서 삶의 방식이나 정신 활동 또는 경제 활동 등에도 크게 영향을 끼치고 있다.
세계 규모로 퍼져있는 종교 가운데, 특히 기독교, 이슬람교, 불교를 세계의 3대 종교라고 부른다.

기독교

교조 : 예수·그리스도
성립 : 서기 1세기경

3대 교파

프로테스탄트

정교회
(동방정교라고도 함.
그리스정교, 러시아
정교 등이 있음)

가톨릭
(최대 종단)

간단히 말하면 '예수의 가르침을 믿는 종교'. 유대교의 개혁 운동을 행하던 예수를 구세주 = 그리스도라고 생각하고 믿는 종교.

이슬람교

창시자 : 무함마드
성립 : 서기 7세기 초 무렵

약 85%

약 15%

수니파
이슬람교의 가르침을 지키면 되는, 수니=관습을 중시. 사우디아라비아 등.

시아파
알리(예언자 무함마드의 사촌 동생)의 당파(시아)로 혈통을 중시. 이란 등.

신의 선택을 받은 최후의 예언자인 무함마드가 신의 말을 전한 것으로부터 시작되었음.

불교

교조 : 고타마 싯다르타(석가모니)
성립 : 기원 전 5세기경

티베트불교

상좌부란
'장로승. 덕이 높은 승려'라는 의미

대승이란
'커다란 탈 것'이라는 의미

부처의 가르침. 부처란 붓다(佛陀)=진리에 눈 뜬 사람(고타마 싯다르타)을 말함. 사물의 진리를 아는 것을 '깨달음을 열다'라고 한다.

신
우주를 만든
유일절대신

야훼 (히브리어)	God (영어)	알라 (아랍어)
유대교	**기독교**	**이슬람교**

*이집트의 기독교 계통인 콥트교에서는 신을 알라라고 부름.

이 3개의 종교가 믿는 신은 같다

유대교, 기독교, 이슬람교 3개의 종교를 함께 해설하는 경우가 많다. 사실 이 3개의 종교는 같은 유일신을 신봉한다. 유대교는 기원전 13~12세기에 성립한 종교이며, 유대교를 신앙하는 사람들을 유대인이라고 부른다.

예루살렘의 구 시가지에는 이 3개 종교의 성지가 있다

이슬람교도 지역

기독교
성분묘(聖墳墓)**교회**

기독교도 지역

아르메니아인 지역

유대교도 지역

예수가 십자가에 매달린 골고다 언덕이 있었다고 전해지는 장소에 세워져 있다.

유대교
통곡의 벽

서기 70년에 로마제국에 의해서 신전이 파괴되었지만 그 신전의 서쪽 벽만은 남았다. 밤이슬에 젖으면 눈물을 흘리고 있는 것처럼 보이기 때문에 이런 이름이 붙여졌다.

이슬람교
바위의 돔

메카에 있던 무함마드가 천마를 타고 예루살렘으로 가 거기에서 승천(昇天)하였다고 전해지는 '신성한 바위'를 둥근 지붕으로 덮어 이 건물에.

🌐 세계사가 바뀔 정도의 사건이 일어날 줄이야⋯⋯

해마다 연말이 되면 각 신문사는 어김없이 그 해에 국내외에서 일어난 수많은 사건들 중에서 가장 중요하다고 생각되는 것을 10대 뉴스로 선정하여 발표한다. 지난 2년간은 코로나 사태가 국제 뉴스에서도, 그리고 각국의 국내 뉴스에서도 10대 뉴스의 1위를 장식하였다.

2022년에는 코로나 사태가 어느 정도 진정 국면에 들어선 가운데 코로나 사태를 뛰어넘는 국제적인 대사건이 발생하였다. '러시아의 우크라이나 침공'이 바로 그것이다. 설마 21세기를 맞이한 오늘날 이처럼 세계사가 크게 바뀔 만한 사건이 발생하리라고는 아무도 생각하지 못했을 것이다.

러시아는 왜 군사력으로 이웃 나라를 위협하고 있는가. 러시아의 블라디미르 푸틴 대통령은 무슨 생각을 하는 것인가. 과거 푸틴은 소비에트사회주의공화국연방(소련)의 붕괴를 '20세기 최대의 지정학적인 비극이다'라고 평가한 바 있었다. 푸틴은 단순히 '북대서양조약기구(NATO)가 동쪽으로 확대되는 것을 허용하지 않겠다'고 생각할 뿐만 아니라 소련이 붕괴하여 동서 냉전이 종식된 후의 '구미(歐美)가 주도하는 세계 질서'를 개편하겠다고 생각하는 것 같다.

되돌아보면, 소련이 붕괴한 것은 1991년 12월 25일이었으므로 2021년 말로 정확히 30년이 지났다. 젊은 세대들에게 소련이라는 국가가 존재하고 있었다는 것은 '역사상에서나 있었던 사건'인 것이다.

소련은 역사상 최초의 사회주의국가였다. 사회주의국가란 모든 사람이 평등하고, 격차나 빈곤이 없는 사회를 실현하고자 하는 국가이다. 그러나 소련은 그 목표 달성에 실패하고 말았다.

🌐 소련이 소멸된 지 30년, 자본주의의 문제가 표면화

다만, 소련이라는 국가의 존재는 자본주의의 폭주를 저지한 측면도 있었다고 할 수 있다. 빈곤과 부정을 근절하기 위해 지속적인 지원과 활동을 하는 국제단체인 옥스팜[1]이 작성한 「Inequality kills」라는 보고서(2022년 1월)에 따르면, 신종 코로나바이러스 위기 이후, 각국 정부가 대책으로 16조 달러의 자금을 투입하여 경제를 부양하고자 함으로써 주가가 상승하였다. 그 결과, 2021년 3월 이후에만 부유층의 자산은 8.6조 달러에서 13.8조 달러로 5.2조 달러나 증가하였다. 세계의 최상위에 위치하는 1%의 부유층이, 하위 50%에 해당하는 빈곤층의 약 20배의 자산을 보유하고 있는 지금의 세계. 이러한 세계를 사회주의가 실패하고 자본주의가 성공했다고 말할 수 있을까. 금융 완화는 억만장자의 주머니를 가득 채웠을 뿐이지 않은가.

이 보고서는 '주식 시장의 폭등, 규제 완화, 독점 지배, 민영화, 조세 회피, 노동자의 권리와 임금의 저하가 격차 확대의 배경이다'고 전제하고, '극단적인 격차는 경제적 폭력의 한 형태이며, 소수 특권 계급의 부와 권력을 영속시키는 정책이나 정치적 결정이 전 세계의 보통 사람들과 지구 그 자체에 직접적인 해악을 끼칠 수 있다'고 경종을 울린다.

소련이 존재하고 있을 때는 세계에 지금처럼 "초"(超)라는 접두어가 붙는 격차는 존재하지 않았다. 그 이유는 모든 사람이 평등하며, 한 사람 한 사람이 중요하게 여겨지는 사회라는 소련의 이미지로 인해서, 선진 자본주의 국가들에게 '혁명의 발발을 막지 않으면 안된다'라는 경계심을 심어 주었기 때문이다.

빈곤이 확대되면 민중의 불만이 높아지고, 혁명이 일어날지도 모

소련의 붕괴로
동서 냉전은 종결되었지만……

서

동

1945년
제2차 세계대전 종결

NATO
(북대서양조약기구)

바르샤바
조약기구

미국

소련

동서 냉전

자본주의

사회주의

자본주의가 승리하였다고
생각했지만……

1989년
동서 냉전의 종결

1991년
소련 붕괴

부

자본주의가 확대

분단·초격차 사회

빈

신자유주의경제 등의
영향으로
빈부의 차 확대

른다. 소련의 붕괴는, 그 위기감을 소멸시키는 역할을 하였다. 그 결과 신자유주의의 흐름이 가속되어, 현재와 같은 초격차 사회가 등장하게 된 것이다.

지금 세계는 러시아를 침략적이며, 포악한 국가라고 보고 있다. 이유는 크림반도를 군사력으로 탈취했을 뿐만 아니라 우크라이나 본토마저 침공했기 때문이다. 그러나 러시아의 처지에서 보면, 서유럽의 공격을 받아 엄청난 곤경에 처했던 역사도 있었다. 이러한 역사적인 트라우마가 있기에 러시아는 항상 불안감에서 벗어나지 못하고 있었다. 다른 국가로부터 공격당하는 사태에 대비해, 자국의 주변에 완충지대를 만들어 두겠다고 생각했다. 이에 더하여 러시아에는 전통적인 남하 정책이 있다. 영토가 극도로 추운 한대지역이기에 1년 내내 얼지 않는 항구(부동항)를 탐내고 있다. 러시아에는 러시아의 논리, 즉 내재적 논리가 있다는 사실을 알아야 한다. 러시아와 우크라이나의 복잡한 역사에 대해서는 제2장에서 상세하게 설명하기로 한다.

🌐 〈유라시아 그룹〉이 발표한 10대 리스크

2022년 초, 일본의 각 미디어사(社)는 〈유라시아 그룹〉이 발표한 '세계의 10대 리스크'를 보도하였다. 2022년의 세계가 어떠한 리스크를 안고 있는가, 기업 경영에 영향이 있을 현상을 리스크의 정도에 따라 1위부터 10위까지 순위를 결정했다. 이것이 세계의 대문제를 개관하는 데 참고가 되기에 다시 한번 저자 나름의 관점을 논하고자 한다.

〈유라시아 그룹〉이란 미국의 국제정치학자인 이언 브레머 씨가 경영하는 회사이다. 세계 각국의 정치와 경제, 안전보장에 대해 분석하고, 세계 각지의 대기업을 고객으로 삼아 컨설팅 업무를 하는 회사이다. 저자도 이언 브레머 회장과 인터뷰한 경험이 있다.

처음에는 소련과 동유럽 등, 유라시아 대륙에 관하여 전문적으로 분석하였기 때문에 이런 명칭이 붙었지만, 동서 냉전이 종식된 뒤에는 전 세계의 문제들을 대상으로 분석하고 있다. 그래서 그들은 지금의 러시아를 어떻게 보고 있는가 하면, 리스크의 5위 항목으로 '러시아', 구체적으로는 푸틴 대통령의 외교정책을 거론하였다.

2021년 가을 이후, 이미 러시아는 우크라이나 국경 근처에 다수의 병력을 배치하여 압력을 가하고 있었다. 사실 언제 전쟁이 발발하더라도 이상하지 않다고 보고 있었다.

그런데 〈유라시아 그룹〉이 2022년의 첫 번째 리스크로 거론한 것은 '노 제로 코로나', 즉 중국의 제로 코로나 정책의 실패였다.

덧붙여 말하면, 2021년의 첫 번째 리스크로 들고나온 것은 '46대 미국 대통령'이었다. 되돌아보면, 2020년의 미국 대통령선거에서

28

바이든이 당선된 데 대해, 트럼프 전 대통령이 '당선을 도난당했다. 실제로는 내가 당선되었다'라고 주장하였다. 그 결과 미국에서 전례 없는 국가 분열이 진행되어, 장래가 불안정해질 것이라는 지적이 많았다.

다시 말해 미국에서 46대 대통령을 둘러싸고 혼란이 일어나는 것을 최대 리스크라고 예측하였다. 〈유라시아 그룹〉이 이것을 발표한 것이 2021년 1월 4일이었는데, 그로부터 이틀 후인 1월 6일, 열렬한 트럼프 지지자들이 선거 결과를 뒤집으려고 연방의회 의사당에 돌입하였다. 이로써 〈유라시아 그룹〉의 예측이 정확히 적중했다고 할 수 있다.

그런데 2022년의 리스크에 관해서도 가장 먼저 미국을 거론할 것으로 예상하였는데, 리스크 1위로 '중국의 제로 코로나 정책의 실패'를 거론하였다. 그 이유는 무엇인가?

원래 신종 코로나바이러스의 감염 유행은 2020년 중국의 우한(武漢)에서 확산되기 시작하여 전 세계가 대혼란에 빠지게 된 것이었다. 감염 사실이 최초로 확인된 중국에서는 봉쇄정책을 시행하여 철저하게 감염 확산을 억제하고자 했다. 그 결과 봉쇄정책은 일단 성공했다. 세계의 대다수 국가는 신종 코로나바이러스의 봉쇄에 실패하여, 많은 사람이 생명을 잃는 사태로 발전하였다. 경제도 크게 후퇴하여 감염증의 공포를 실감하게 되었다. 그후 백신이 개발되어 '위드 코로나'로 전환됨에 따라 가까스로 경제도 회복 기조로 돌아서게 되었다.

이와 대조적으로, 중국은 제로 코로나 정책을 강력히 추진한 결과, 경제도 가장 빠르게 회복되었다. 그러나 지금까지도 제로 코로나 정책에 집착함으로써 오히려 감염 확대의 방지에 온갖 어려움을 겪고 있다. 시진핑 국가주석은 왜 '제로 코로나 정책'을 강행하고 있는 것일까.

그 이유는 중국산 백신에 대한 신뢰성에 있다. 즉, 중국산 백신은 신뢰성이 낮아서 '위드 코로나'로 가는 길을 선택하기에는 리스크가 너무 크기 때문이다.

🌐 중국은 왜 '위드 코로나'를 선택하지 않는 것일까?

중국은 세계를 선도하는 형태로 독자적으로 백신을 대량 생산하여, 개발도상국에 무상으로 제공해 왔다. 소위 '백신 외교'라고 할 수 있다. 아프리카와 중남미의 여러 나라는 미국이 개발한 화이자와 모더나 백신은 가격이 너무 비싸서 살 수가 없었다. 이런 틈새에 중국이 손을 뻗쳐, 백신을 제공하는 대가로 이들 나라로부터 중국에 대한 지지를 끌어모으려고 한 것이다. 그러나 특히 중남미의 여러 나라에서 중국산 백신을 접종한 사람들이 계속해서 신종 코로나 바이러스에 감염되었다. 이들 중에는 중국산 백신을 '물 백신'이라고 비난하는 사람들도 등장하였다. '물 같은 백신이므로 효과가 없다'는 것이다.

화이자와 모더나는 mRNA(메신저RNA)를 사용하여 백신을 개발하였다. 다시 말해 최신 기술을 사용한 것이다. 이에 반해 중국이 제조한 백신은 재래식 제조 방식이었다.

사람들이 백신을 접종하면 체내에 병원체에 대한 면역이 형성된다. 예를 들면 인플루엔자 백신은 '불활화(不活化) 백신'[2]이라고 하는데, 이것은 인플루엔자 바이러스의 독성을 약화시킨 것이다. 인간의 체내에 들어와도 인체에 해악을 끼치지 않도록 하여 접종하는 것이다. 중국은 이미 인플루엔자 백신 제조의 노하우를 알고 있었기 때문에 인플루엔자 백신 제조 방식을 사용하여 신종 코로나바이러스에 대응하는 백신을 개발했다.

하지만 잘 생각해 보면 백신이 만능이 아님을 알 수 있다. 다시 말해 인플루엔자 백신을 접종한다고 하더라도 인플루엔자에 걸리는 경우도 있는 것이다. 저자도 과거에 그런 경험이 있었다. 백신을 접종하여도 100% 효과가 있는 것이 아니라 기껏해야 50~70% 정도밖에 효과가 없다.

중국이 만든 신종 코로나바이러스의 백신은 우한에서 최초 발견

된 바이러스에 대한 백신이다. 바이러스는 변이한다. 인도에서 감염력이 강한 '델타 바이러스'와 남아프리카에서 '오미크론 바이러스'가 발견되자 중국 각지에서도 이러한 변종 바이러스의 감염이 확산되었다. 이러한 새로운 변종 바이러스에는 중국산 백신이 별로 효과가 없음이 확인되었다. mRNA를 사용한 백신은 2회 또는 3회 접종하게 되면, 바이러스에 감염되는 사람의 수가 줄어든다고 한다. 그러나 중국산 백신으로는 이런 효과를 기대할 수가 없다. 따라서 중국에서는 변종 바이러스 감염자가 발견될 때마다 그 도시 전체를 봉쇄하여 필사적으로 이를 억누르려고 하는 것이다. 이것은 마치 '두더지 잡기 게임'과 같다.

🌐 신종 코로나바이러스가 국제 물류에 끼친 영향

오늘날 중국은 세계의 공장이다. 그런데 제로 코로나 정책을 취한 결과, 세계의 서플라이 체인(*생산이나 공급의 연쇄적 과정)에 큰 영향을 끼치게 되었다.

많은 나라는 작은 부품에서부터 완성품에 이르기까지 온갖 물건을 중국에 주문하고 있다. 그런데 주문을 받아 제조한 물품이 주문한 나라에 도달하지 못하는 현상이 발생했다.

신종 코로나바이러스의 감염이 계속되는 가운데, 중국은 무슨 일이 있어도 베이징 동계올림픽과 패럴림픽(2022년 2월, 3월)을 성공적으로 개최하기 위하여 중국으로 입항하는 선박에 대해 물 샐 틈 없는 방역 대책을 강화하였다. 컨테이너선이 항구에 들어오려고 해도 원활하게 입항하지 못한 채 항구 밖에서 입항할 순서를 대기해야만 했다. 정상적인 경우는 화물을 내리고 빈 컨테이너는 다시 중국으로 보내졌지만, 다시 컨테이너가 화물을 싣고 나오는 순환이 차단된 결과, 세계적인 컨테이너 부족 현상이 발생하였다. 그렇다면 컨테이너를 새로 만들면 되지 않느냐고 생각할지 모르지만, 거의 모든 컨테이너를 생산하는 곳이 중국이다. 게다가 신종 코로나바이러스에 의한 경제 활동의 정체 현상이 회복됨에 따라 컨테이너 부족은 더욱 심각해졌다.

중국이 제로 코로나 정책에 집착한 결과, 세계의 물류에 영향을 끼치게 되었다. 중국이 취한 '제로 코로나 정책'은 단순히 중국만의 문제가 아니라고 〈유라시아 그룹〉은 생각한 것이다.

덧붙여 말하면, 인도는 처음부터 백신 접종이 제대로 이루어지지 않았기 때문에 많은 사람이 신종 코로나바이러스에 감염되었다. 그러나 결과적으로 집단 면역이 형성되어 경제 활동이 가능한 상태로 복귀하였다고도 한다. 제로 코로나 정책을 취한 중국은 처음에는 방역의 선두 주자인 것처럼 보였으나, 오히려 역효과를 불러일으켰다고 할 수 있다.

중국이 처음부터 제로 코로나 정책을 포기하고 미국으로부터 화이자나 모더나 백신을 구매하여 접종하였더라면 좋았겠지만, 자존심이 강한 중국이 미국산 백신을 도입할 리가 없었고, 결국은 미국산 백신의 사용을 허가하지 않았다.

이로써 중국이 세계의 리스크 요인이 되는 상황이 계속되었다. 세계 경제 활동을 좌우하는 중국은 러시아가 우크라이나를 침공함에 따라, '타이완 침공'의 가능성에 대해서도 주목을 끌고 있다. 중국에 대해서는 제4장에서 다시 언급하기로 한다.

🌐 거대 IT기업에 의한 지배

〈유라시아 그룹〉이 두 번째로 거론한 세계의 리스크는 '테크노폴라의 세계'(거대 IT기업의 강화되는 영향력)였다. 거대 IT(정보기술)기업이란 구글(Google), 아마존(Amazon), 페이스북(Facebook, 현재의 메타), 애플(Apple) 등 GAFA로 대표되는 '디지털 플랫폼' 기업을 말한다. 거대 IT기업에 의한 지배가 어째서 새로운 리스크 요인이 되는가.

코로나 사태로 외출할 수 없게 된 사람들은 점점 더 아마존에서 구매가 증가하는 등 GAFA에 의존할 수밖에 없는 생활이 계속되었다. GAFA는 수많은 고객을 확보함으로써 개인의 데이터를 독점하고, 시장을 지배하게 된다.

우리들이 스마트폰이나 컴퓨터로 검색하거나 쇼핑을 하게 되면, 동시에 그 내용이나 데이터가 축적되며, 이들 기업들은 이렇게 축적된 대량의 데이터를 비즈니스에 활용하고 있다.

유럽연합(EU) 등은 기업이 개인 정보를 이용하는 데 대해서 크나큰 혐오감을 느끼고 있다. 각국 정부는 어떻게든 GAFA에 대해서 규제를 하고자 하고 있지만, IT기업은 이에 반발하고 있다. 더욱이 이들 IT기업은 세금을 내려고도 하지 않는다. 따라서 GAFA의 세금 회피에 대해 세계 각국에서 반발이 확산되고 있다. 이런 이유로 〈유라시아 그룹〉은 각국 정부와 IT기업의 대립이 심화할 것이라고 예측한다. 역시 이것도 세계의 리스크인 것이다.

🌐 미국의 중간선거가 2024년의 대통령선거에 끼치는 영향

세 번째는 2022년 11월에 실시된 '미국의 중간선거'이다. 지금까지 본서에서 여러 차례 해설하겠지만 다시 한번 미국의 선거제도를 간단히 설명하면, 미국은 주(州)의 권한이 강한 나라이다. '주'라고는 하지만 50개의 '국가'가 모여있다고 생각해 보자. 그러면 '주의 대표'와 '국민의 대표'라는 두 가지 대표가 있는 셈인데, 이것이 미국의 연방의회이다.

미국의 연방의회는 상원과 하원으로 구성되어 있으며, 국민의 대표가 하원이고 임기는 2년이다. 2년마다 선거를 하기에 결국 하원의원은 눈앞의 일, 즉 선거에만 관심을 기울이게 된다. 어떻게 하면 '다음 선거에서 이길 수 있을까'라는 의식이 강하며, 장기적인 안목이 없다는 단점이 있다.

상원은 주의 대표로서 임기는 6년으로 일본의 참의원과 같다. 상원의원은 차분하게 국가의 일을 생각할 수 있는 여유가 있다. 상원은 2년마다 실시되는 중간선거에서 3분의 1씩 개선된다. 정원 100명을 정확히 3으로 나눌 수는 없으므로 33명을 개선할 때도 있고 34명을 개선할 때도 있는데, 2022년의 중간선거에서는 34명을 개선했다.

2021년 1월에 발족한 바이든 정권은 대통령과 상하원을 모두 민주당이 장악한 '트리플 블루 정권'(민주당의 심벌 컬러는 블루)이었다. 정확하게 상원은 민주당과 공화당이 50명 대 50명이지만, 50 대 50으로는 아무것도 결정할 수 없으므로 이런 경우에는 상원의장이 결정하게 되는데, 상원의장은 부통령이다. 현재 민주당의 카멀라 해리스가 부통령이다. 법안이 상원에 회부되어 표결 결과가 50 대 50이면 카멀라 해리스가 찬성표를 던져 법안을 성립시킬 수 있다.

바이든 정권으로서는 안정적인 조건이 갖추어져 있음에도 불구하고 바이든 대통령의 지지율이 하락하는 것은 무엇 때문인가.

트럼프 전 대통령의 지지율은 거의 40% 전후로 움직였다. 역대 대통령의 지지율보다는 낮은 편이지만, 열렬한 지지자가 있었기 때문에 줄곧 40% 전후를 유지할 수 있었다. 바이든 대통령의 지지율은 2월에 들어서 한때 40% 아래로 떨어졌다. 이것을 만회하지 못한 채 중간선거에 돌입하면 공화당이 승리할 것은 분명하다.

현재 민주당 우위의 의회가 역전되어, 상하 양원에서 공화당이 우위를 장악하게 된다면 바이든 정권으로서는 시정(施政)의 장애 요인이 될 것이다. 미국의 정치는 혼란과 정체에 빠질 수밖에 없을 것이다. 허약한 리더는 세계 차원에서도 리스크인 것이다[3].

더욱이 공화당이 다수를 차지하면 2024년의 대통령선거에 트럼프가 다시 입후보할 것이다. 이런 상황이 되면 완전히 미국의 분열이 진행될 것으로 예측된다.[4] 이리하여 바이든 정권이 국내정치에 필사적일 수밖에 없게 되면 대외정책에는 그만큼 힘을 쏟을 수가 없게 되는 것은 불을 보듯 뻔하다. 특히 힘을 키우고 있는 중국에 대항할 수 있을지 의문이다.

미국에 대해서는 제1장에서 언급하기로 한다.

🌐 반미국가 이란이 중러에 접근

〈유라시아 그룹〉은 리스크 4위에 다시 중국을 거론하였다. '제로 코로나 정책의 실패'가 1위였는데, 4위에 거론한 것은 '중국의 내정'이다. 국내 요인도 리스크라고 규정한 것이다.

시진핑 국가주석은 '공동 부유'(共同 富裕)라는 슬로건을 대대적으로 내걸고 국민 전체를 풍요롭게 하겠다고 강조하고 있다. 그러나 사실 중국의 이런 정책이 세계 경제에는 리스크라는 견해를 밝힌 것이다. 시진핑 정권의 노림수는 무엇인가.

자세한 것은 제4장에서 설명하기로 한다. 그리고 5위가 앞에서 소개한 대로 러시아, 6위가 이란이었다.

이란에 대한 우려는 이란의 핵 개발을 어떻게 중지시킬 것인가 하는 것이다.

제2차 세계대전이 종결된 후, 핵무기를 보유하고 있는 5대국(미국, 구소련, 영국, 프랑스, 중국) 이외에는 새롭게 핵무기의 개발과 보유를 금지하는 조약이 체결되었다. 이것이 '핵확산금지조약'(NPT)이다. 그렇지만 실제로는 비밀리에 핵 개발에 성공한 나라들이 있다. 인도, 파키스탄, 북한이다. 미국과 친밀한 관계인 이스라엘은 핵무기의 보유 여부를 밝히고 있지는 않지만 사실상 핵무기 보유국으로 알려져 있다.

이란은 이라크로부터 침공을 당한 1980년대부터 핵무기의 개발을 추진해 왔으며, 2002년 핵 개발 의혹이 발각되었다. 핵무기 재료로 이용하는 고농축 우라늄 제조 시설의 존재가 밝혀졌기 때문이다. 이란은 원자력발전소를 가동하기 위한 '평화적 이용'이라고 주장하였지만, 미국과 유럽은 이러한 이란의 주장을 믿지 않았으며, 어떻게든 이란의 핵 개발을 중단시키기 위해 한편으로는 경제 제재를 하면서 교섭을 계속해 왔다. 마침내 2015년, 오바마 대통령 재임 시에 '최저 10년간의 핵 개발 중지'를 약속하는 핵 합의에 도달하였다. 이란의 핵 개발을 대폭 제한하는 대가로 경제 제재를 해제하기로 한 것이었다. 이 합의는 이란과 구미 각국이 체결한 것으로, 당시 오바마 대통령이 교섭에 큰 역할을 하였다.

그러나 오바마를 극도로 싫어하는 트럼프가 대통령이 되자, 그는 오바마가 이룬 실적을 전부 뒤집기 위하여 일방적으로 이란과의 핵 합의에서 이탈하였다. 이것은 미국과 친밀한 관계에 있는 이스라엘과 사우디아라비아가 이란과의 핵 합의는 이란을 이롭게 한다고 반발했기 때문에 취한 행동이었다. 핵 합의를 지키고 있던 이란의 입장에서는 '모처럼 양국 관계가 가까워졌는데, 어찌된 일인가'라며 다시 대립하는 길을 택하여 우라늄 농축을 재개하였다.

저농축 우라늄은 원자력발전소의 연료로 쓰이지만. 90% 이상의 고농축 우라늄은 우라늄형 핵무기(히로시마형 원폭)가 된다. 이란은 20% 정도의 농축으로 멈추고 있었으나 서서히 농도를 높이고 있

더 기다릴 수 없는 온난화 대책

< 세계의 평균 기온 >

이대로 아무것도 하지 않으면

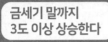

**금세기 말까지
3도 이상 상승한다**

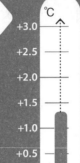

℃

+3.0
+2.5
+2.0
+1.5
+1.0
+0.5
0
-0.5

파리협정의 목표

**세계의 평균 기온 상승을
2도 이내로 억제한다**

가능하다면
1.5도 이내로 억제한다

기 준

**산업혁명 이전의
세계의 평균 기온**

2010년

2030년

온실효과
가스

온실효과
가스

목표를 달성하기 위해서는
2030년까지 온실효과
가스의 배출량을 2010년
대비 어림잡아 반감시킬
필요가 있다

2000

2030   2010

2020

다. 한꺼번에 농도를 높이면 대립이 격화될 것이고, 특히 이스라엘이 핵농축 시설을 파괴하기 위하여 이란을 공격해 올 것이 우려되기 때문이다. 상대를 자극하기 직전에 멈추기를 반복하면서 미국이 경제 제재를 해제하도록 하는 것이 이란의 목적이다.

이란은 이슬람교 시아파의 대국이다. 이란이 핵무기를 보유하게 되면 이란과 대립하는 주변의 수니파 이슬람 국가들이 위기의식을 갖게 된다. 수니파의 대국인 사우디아라비아가 독자적으로 핵 개발을 추진하고 있다는 소문도 있다.

한편, 이란이 핵무기를 보유하게 되면 사우디아라비아는 파키스탄으로부터 핵무기를 반입한다는 밀약이 성립되어 있다는 이야기도 전해지고 있다. 경제적으로 취약한 파키스탄이 어떻게 핵무기를 개발할 수 있었는가. 같은 수니파 국가인 사우디아라비아가 비용 대부분을 지원했기 때문이다. 자금을 지원하는 대가로, 만약 이란이 핵무기를 보유하면 파키스탄이 개발한 핵무기 가운데 일부를 사우디아라비아에 넘겨준다는 밀약이 존재한다는 사실은 세계의 정보 조직 사이에서는 이미 상식이다.

이란이 핵무기를 보유하고 주변 국가들이 '우리도 갖겠다'라고 한다면 한층 더 핵무기 개발 경쟁이 치열해질 것이다. 당연히 세계적으로 리스크의 요인이 될 것은 확실하다. 여전히 긴장 상태에 있는 중동에 대해서는 제3장에서 해설하기로 한다.

🌐 온난화 대책에는 타임 리미트가 있다

리스크 7위는 '2보 전진에 1보 후퇴하는 환경'이다. 온난화 대책이 리스크에 포함되어 있다는 뜻이다. '온난화 따위는 존재하지 않는다'고 주장하는 학자들도 있지만, UN의 기후 변동에 관한 정부 간 패널(IPCC)은, 인간이 지구의 기후를 온난화시켜 왔다는 사실은 '의심의 여지가 없다'라는 보고서를 공표하였다. 이러한 가운데 온난화 방지를 위한 국제적 기본 틀인 '파리협정'(2015년)에서는 파국적인 기후 위기를 막기 위하여 세계의 평균 기온 상승을 산업혁명 이전보다 2°C 이하, 가능하다면 1.5°C로 억제한다는 목표를 내세웠다.

이를 달성하기 위해서는 2030년까지 온실효과 가스의 배출량을 2010년 대비 반으로 줄이지 않으면 안될 것이다. 다시 말해 반으로 줄일 수만 있다면 사태를 개선할 수 있다는 기대도 나오고 있다.

전 세계의 국가들은 지구온난화를 방지하기 위하여 온실효과 가스를 배출하는 석유나 석탄 같은 화석 연료의 사용을 감축하는 정책을 취하기 시작하였다. 예를 들면 전기자동차(EV)가 그 일환이다. 가솔린차와 디젤차 등 화석 연료를 사용하는 자동차를 미래에는 EV로 전환하려는 시도이다.

단, 전기자동차를 대량으로 생산하려면 대량의 전기가 필요하지만 재생 가능한 에너지로 모든 전기를 생산할 수는 없을 것이다. 전 세계에서 탈탄소(脫炭素)를 달성하기 위해서는 전기에너지가 필요하게 되는데, 전기를 생산하려면 석유와 석탄을 사용할 수밖에 없다.

온난화 대책은 더 이상 회피할 수 있는 문제가 아니다. 앞으로 나아갈 수밖에 없다. 그러나 2보 전진하기 위해서는 단기적으로는 석유와 석탄이 필요하며, 가격도 상승하게 되므로 1보 후퇴도 감수해야만 할 것이다. 세계 공통의 과제인 이 문제에 대해서는 제5장에서 언급하기로 한다.

🌐 미국이 떠난 '공백 지대'를 노리는 나라

리스크 8위는 '공백 지대'이다. 이것은 미국이 〈세계 경찰〉의 역할을 그만두게 되면 세계 각지에서 공백 지대가 생겨난다는 의미이다.

바이든 대통령은 아직 내전이 계속되고 있는 상태에서 아프가니스탄으로부터 미군을 철수시켰다. 미국이 아프가니스탄에 개입한 것은 9·11사태, 즉 미국 본토에서 동시다발 테러 직후인 2001년이므로 벌써 20년이 지났다.

미국은 20년간 2조 달러를 쏟아부었고, 미국이 발생시킨 사망자는 민간인을 포함하여 6,000명에 달한다고 한다.

일본을 포함한 서방 국가들은 대사관을 폐쇄하였고, 직원들은 국외로 탈출하였다. 그러한 가운데, 주요 국가 중에서 대사관을 유지한 나라는 중국과 러시아 그리고 이란이었다. 공백 지대가 발생하자 바로 이들 나라들이 탐욕의 손길을 뻗치고 있다.

또한, 동남아시아의 미얀마에서는 군사 쿠데타가 일어나 이곳에서도 역시 '공백 지대'가 생겨났다. 아웅산 수치 국가고문 등 정권의 주요 각료가 군부에 의해서 구속되었다. 10년 동안 노력해 온 민주화 프로세스는 과연 무엇이었나. 공백을 노리는 것은 중국이다. 미얀마는 군부가 실권을 장악하고 있지만, 아프가니스탄은 또다시 국제테러 조직의 거점이 될지도 모른다. 힘의 공백 또한 세계적으로는 크나큰 리스크가 되는 것이다.

🌐 살아남을 수 없는 '문화 전쟁에 패한 기업'

리스크 9위는 '문화 전쟁에 패한 기업'이다. 이것은 상당히 흥미 있는 견해라고 할 수 있다. 기업의 사회적 책임으로서 당연히 지켜야 할 것을 제대로 지키고 있는가. 주주들의 감시가 기업 문화에 대해 더욱 엄격해졌다.

최근에는 'ESG 투자'라는 용어를 자주 접하고 있다. ESG 투자란 종래의 투자 기준에 더하여, 환경(Environment)·사회(Social)·거버넌스(Governance)에 대한 기업의 대응 자세를 판단 기준으로 투자하는 것을 말한다.

예전에는 담배 제조사나 주류 제조사를 펀드에 포함시키지 않는 투자신탁도 있었지만, 지금은 '탈탄소를 얼마만큼 진척시키고 있는가?' 등과 같이 사회문제에 기업이 관여하는 정도가 새로운 투자 기준이 되었다. 기업 윤리의 관점에서 보면, 인권을 중시하고 있는지가 기준이 된다. 인종 차별 따위에 가담하고 있는 기업의 주식은 보이콧 당하게 된다.

중국의 신장(新疆) 위구르 자치구에서의 인권 문제가 일본 기업을 뒤흔들고 있다. 신장 면화를 사용하지 않으면 생산 원가가 치솟게 되는데, 이 때문에 가격 상승을 견딜 수 있는 기업만이 살아남게 되는 것이다[5]. 앞으로 문화 전쟁에서 이기지 못하는 과거 방식 기업은 패배할 수밖에 없을 것이다.

🌐 튀르키예(터키)의 위치는 유럽인가, 중동인가, 아시아인가

리스크 10위는 레제프 타이이프 에르도안(Recep Tayyip Erdogan) 대통령의 독재가 심화하고 있는 '튀르키예(터키)'이다. 튀르키예는 2021년의 10대 리스크에도 들어 있었다.

튀르키예는 NATO의 가맹국이다. 동서 냉전이 시작되었을 때, 미국은 소련을 봉쇄하기 위하여 모스크바까지 도달하는 핵미사일을 비밀리에 튀르키예 국내에 배치하였다. 이에 대하여 소련은 쿠바에 핵미사일을 배치하였다. 이른바 '쿠바 위기'였다.

1962년 소련과 미국이 핵전쟁 일보 직전까지 대치한 것이다. 당시의 존 F. 케네디 대통령은 소련이 쿠바의 미사일을 철거하는 대신 미국도 튀르키예에 배치하고 있던 핵미사일을 철거하겠다는 밀약을 맺었었다. 간발의 차이로 핵전쟁은 회피되었지만, 미국은 소련을 봉쇄하기 위하여 튀르키예를 NATO에 가맹시킬 필요가 있었다.

바로 그 튀르키예가 지금은 러시아에 접근하고 있다. NATO의 가맹국이면서도 러시아제 방공(防空) 미사일 시스템을 배치한 것이다. 이 때문에 동맹 관계에 있는 미국과 대립하고 있을 뿐만 아니라 NATO 가맹국들과의 관계도 악화하고 있다. 또 튀르키예의 통화인 리라화도 급격히 가치 하락이 진행되고 있어서 매우 불안정한 상태이다. 튀르키예가 중동에서 새로운 불안 요소가 될 가능성도 없지 않다.

🌐 코치카이(宏池會)가 다시 정권을 잡았다

지금까지 세계의 10대 리스크를 훑어보았는데, 다행스럽게 여기에 일본에 관한 것은 들어 있지 않다. 그러나 제로 코로나 정책의 실패로 말미암아 중국은 어떻게 될 것인가, 미국의 중간선거는 어떤 결과로 끝날 것인가, 러시아와 우크라이나 사이의 전쟁 행방은 어떻게 될 것인가 등등, 중국이나 미국 또는 유럽에서 일어난 일이 결국 돌고 돌아 일본의 리스크가 되는 예도 있을 수 있다.

이 책에서는 과거를 되돌아보며 미래를 생각해 왔다.

기시다 후미오(岸田文雄) 내각은 무엇을 하고자 하는가. 꼭 역사를 분석해 주기를 바란다. 자유민주당(자민당) 총재에 오른 기시다 씨가 회장을 맡은 그룹이 '코치카이'(宏池會)[6]이다. 코치카이는 원래 '이케다 하야토(池田勇人)[7]를 총리대신으로'라는 슬로건을 내걸고 출범한 것이 시초이다. 기시다 씨는 히로시마 출신인데, 이케다 전 총리도 히로시마 출신이다. 이런 관계로 기시다 씨는 이케다 전 총리를 매우 존경하고 있다.

이케다 하야토가 무엇을 하였는지, 또 이케다의 후계자인 오히라 마사요시(大平正芳)[8]가 무슨 일을 하였는지, 기시다는 이런 것들을 열심히 연구하고 있다.

기시다 총리는 취임 후, '새로운 자본주의 실현'을 경제 정책으로 내걸었다. 다른 말로 표현하면 '신자유주의로부터의 탈피'라고 할 수 있을 것이다. 임금 인상 등, 사람에 대한 투자를 강화하는 것이 핵심이다. 이것이야말로 1960년대에 이케다 총리가 목표로 한 정책이었다.

기시 노부스케(岸信介)9) 내각 시대, 60년 안보 개정을 둘러싸고 일본 사회가 분열되었다. 그후 총리에 오른 이케다는 '국민소득 배증론'을 내걸고 국민 융합을 위해 진력하였다. '정치의 계절'에서 '경제의 계절'로 역사의 흐름을 전환한 것이다.

🌐 입헌민주당과 61년 전의 사회당의 패배가 겹친다

이케다 내각이 경제에 총력을 기울이는 정책을 취하자 당시 제1야당이었던 사회당이 당황하기 시작하였다. 기시 내각 시대에는 사회 분열과 경제 격차의 해소, 빈곤 대책을 명분으로 국민에게 어필하였으나, 이케다 내각이 내건 '국민소득 배증론'으로 쟁점을 완전히 상실하게 된 것이다. 이 결과 자민당이 선거에서 계속 승리하였고, 사회당은 정권을 장악할 가능성이 점점 더 희박해졌다.

이번에 기시다 총리가 내건 것은 소위 '레이와(令和)10)판 소득 배증 계획'이라고 할 수 있다. '국민의 소리를 듣겠다', '임금을 올리겠다'라고 호소하자마자 여야 대립의 구조가 애매해졌고, 제1야당인 입헌민주당은 의석이 감소하였다. 입헌민주당은 아베 신조(安倍晋三)[11] 내각과 스가 요시히데(菅義偉)[12] 내각에서 확대된 격차 문제를 비판하며 기시다 내각에 '분배 정책'을 시행하라고 주장하였으나 정부 공격의 무기를 빼앗긴 격이 되고 말았다.

기시다 내각의 핵심 정책 가운데 하나로서 '디지털 전원도시 국가구상'이라는 것이 있다. 이것은 오히라 전 총리의 '전원도시 구상'의 디지털 버전이라고 할 수 있다. 이러한 정책들은 같은 파벌(코치카이) 출신의 두 명의 총리, 즉 이케다 전 총리와 오히라 전 총리를 의식한 정책임을 알 수 있다.

기시다 내각이 무엇을 하려는가는, 그대로 적용할 수는 없다 하더라도 반세기 전의 이케다 내각과 오히라 내각에서 무엇을 했는지를 보면 알 수 있을 것이다.

현대 일본이 떠안고 있는 문제에 대해서는 제6장에서 해설하기로 하겠다.

그건 그렇고, 미래는 불투명하고 예측 불가능하지만, '혼란스러운 상황을 타파하여 어떻게든 개선해 나가는 것'은 결국 인간이다. 인간이 배울 수 있는 것은 바로 과거의 역사를 통해서이다. 역사를 배움으로써 정치가들이 하려는 것들도 보일 것이다. 그것이 역사를 배우는 의의이다. 과거의 사람들은 실패와 성공을 되풀이하면서 그 귀

중한 경험을 '역사'라는 형태로 우리에게 남겨 주었다. 미래를 알고 싶으면 역사를 배워라.

최근 유일 초강대국인 미국의 패권이 흔들리고 있다. 세계를 휩쓸고 있는 미·중 간의 패권 경쟁은 어찌 될 것인가. 우선, 방향타를 상실하고 갈팡질팡하는 최강국가 미국부터 언급해 보기로 하자.

미주

1) 국제적인 빈민구호 연합단체로 빈곤 해결과 불공정 무역에 대항하는 대표적인 기구.

2) 병원성 미생물을 가열 또는 화학 처리로 멸균하여 병원성을 불활성화하는 백신.

3) 선거 직전까지 공화당이 압승할 것으로 예상하였다. 그러나 2022년 11월 8일 치른 선거에서 민주당은 공화당에 하원의석의 과반수를 빼앗겼으나 의석 차이는 근소하였고, 상원에서는 민주당이 우위(상원 51석 확보)를 확보하였다. 즉, 선거 전의 예상과는 달리 민주당은 선전하였고 공화당은 의회 장악에 실패하였다.

4) 중간선거 결과 공화당의 고전으로 공화당 내에서 트럼프의 입지는 좁아졌다. 선거 직후 트럼프는 2024년 대통령선거에 출마할 것을 선언하였으나 공화당에서는 미국 사회에서 트럼프에 대한 조롱 섞인 반응이 나오고 있다.

5) 신장은 중국 최대의 면화 생산지이지만, 강제 노동과 인권 탄압 문제가 드러나 서방 기업들이 신장 면화의 사용을 거부하였고, 이에 대응하여 중국이 이들 기업 제품의 불매운동을 벌이면서 대립이 심화.

6) 일본의 집권 여당인 자유민주당의 당내 파벌 가운데 하나. 가장 오래된 파벌이며, 온건한 입장을 취한다. 기시다 총리가 회장이므로 기시다파라고도 부른다.

7) 경제 관료 출신 정치가. 1960년 7월~1964년 10월까지 총리를 역임.

8) 1978년~1980년까지 일본 총리를 지낸 경제 관료 출신의 정치가. 이케다 내각의 외무장관으로서 1965년 한일국교 정상화에 이바지하였다. 코치카이는 이케다 이후에 오히라가 회장을 맡았으며, 오늘날에는 기시다 총리로 이어지는 오랜 전통을 가진 파벌.

9) 1957년부터 1960년까지 총리를 역임한 상공(商工) 관료 출신의 정치가.

10) 2019년, 현재의 천황이 즉위하면서 채택된 일본의 연호. 2022년은 레이와 4년.

11) 2006년 9월~2007년 9월 그리고 2012년 12월~2020년 9월까지 총리 역임.

12) 오랫동안 아베 내각에서 관방장관을 역임, 아베 사임 후 2020년 9월 총리가 되었다.

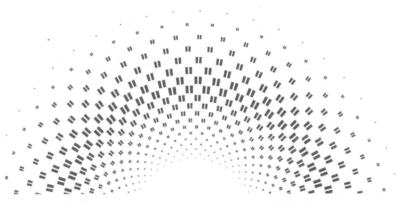

부시 대통령이 국민들에게 '테러와의 전쟁'을 호소하자
'대통령을 중심으로 모든 국민이 집결해야 한다'는 의식이 높아졌다.

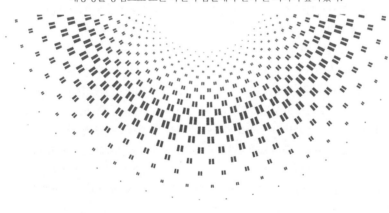

제 **1** 장

바이든 정권은
앞으로 어떻게 될 것인가?

🌐 대통령보다 의회가 강한 나라 미국

2022년 11월, 미국에서 중간선거가 실시되었다. 대통령 선거가 실시된 지 얼마 지나지 않은 것 같은데 '또 선거?'라는 느낌이 들 정도이다. 미국의 대통령 선거는 4년에 한 번 실시되는데, 이번 선거는 대통령의 임기 중간에 실시되기 때문에 중간선거라고 부르며, 상하 양원의 선거이다. 미국의 정치 체제가 어떤 구조로 이루어져 있는지 의외로 많은 사람이 모르기 때문에 간단히 설명하겠다.

미국은 일본과 마찬가지로 삼권 분립 국가이다. '입법부'(국회), '사법부'(법원), '행정부'(내각)로 나뉘어, 서로 감시하고 견제하면서 각각의 독립을 지키는 정치 체제이다. 그러나 일본은 의회제 민주주의, 즉 내각책임제 국가이다. 국민이 국회의원을 선출하고, 그 국회의원이 내각의 총리를 선출한다. 따라서 의회와 내각이 완전히 분리되어 있다고는 할 수 없다. 이에 반해 미국은 대통령과 국회의원을 별도로 국민의 직접 선거로 선출하는 구조로 삼권 분립이 더욱 엄격하다고 할 수 있다.

미국 정치에는 의회의 권력이 강하다. 의회가 압도적인 힘을 갖고 있으며, 대통령은 법안의 제출권이 없다. 일본의 경우에는 국회의원과 내각 모두 법안 제출권을 갖고 있으며, 특히 예산안은 내각이 제출한다. 미국 대통령에게는 예산안을 편성하는 권한이 없으므로 대통령이 의회에 나가서 '예산교서연설'(豫算敎書演說)을 한다. 달리 말하면 대통령이 의회에 대해서 예산을 편성해 주기를 요청한다. 이러한 과정을 거쳐 연방의회에서 가결된 예산 법안은 대통령의 서명을 받아 비로소 발효되는 구조이다.

일본의 경우, 총리가 유리한 시기를 택해서 중의원(衆議院)을 해산하는 '해산권'을 갖고 있다. 중의원이 해산되면 중의원 의원은 임기가 만료되기 전이라도 의원의 지위를 상실하게 된다.

그러나 미국의 대통령은 의회의 해산권을 갖고 있지 않다. 원래 미국의 연방의회에는 해산이라는 개념이 없으므로 2년마다 반드시 선거가 실시된다.

🌐 10년에 한 번의 인구조사에 의해 텍사스주(洲)는 2개 의석 증가

미국의 의회는 상원과 하원으로 이루어져 있다. 상원은 고대 로마의 '원로원'(元老院)에서 유래되었으며, 일본의 참의원(參議院)에 해당한다. 하원은 대의원(代議院)이라고도 번역되는데, 일본의 중의원이 이에 해당한다.

워싱턴 D.C.가 수도가 되기 전에는 미국의 수도는 필라델피아였다. 그 무렵 미국은 50주가 아니었다. 미국은 영국에서 건너온 청교도들이 북아메리카 대륙의 동해안에 정착하여 처음에는 동부 13개 주로 시작된 나라이다. 그후 서쪽으로 개척을 거듭하여 현재의 50주가 된 것이다. 따라서 처음에는 상원과 하원 모두 의원수가 지금보다 훨씬 적었다.

의사당으로 사용하던 2층 건물이 작았기 때문에 의원수가 많은 대의원이 1층을 사용하고 원로원이 2층을 사용하였는데, 그것이 그대로 현재의 '하원', '상원'으로 불리게 되었다.

그후 항구적인 수도를 만들게 되었는데, 어떤 주(洲)에도 속하지 않는 수도로 하기 위하여 메릴랜드주의 외곽 지역을 메릴랜드주로부터 독립시켜 워싱턴 D.C.를 만든 것이다. '워싱턴주'와 혼동하지 않도록 D.C.를 붙였다. 이것은 '특별구'라는 의미의 District of

Columbia의 머리글자다.

2022년 11월, 중간선거에서는 상원의원의 3분의 1(34명)과 하원의원 전원을 다시 선출한다. 상원의 정원은 100명인데, 50개 주에서 각각 2명씩 선출한다. 하원의 정원은 435명이며, 각 주의 인구 비율에 따라 배분되어 있다. 현재 가장 인구가 많은 캘리포니아주는 53명이고, 가장 인구가 적은 알래스카주 등 7개 주는 단 1명뿐이다. 불공평하다고 느낄 수도 있겠지만, 상원의원은 인구와 관계없이 각 주에서 2명씩 선출하므로 이로써 균형을 맞출 수 있다. 그런데 각 주의 인구는 당연히 늘기도 줄기도 하기에 각 주에 할당되는 하원의 의석수는 10년에 한 번 실시하는 인구조사에 따라 수정된다. 인구조사의 결과, 캘리포니아주는 지금까지 53의석이었으나 1의석이 줄어서 52의석으로, 반대로 텍사스주는 2개 의석이 증가할 예정이다.

텍사스주는 개인 소득세를 부과하지 않는다. 이러한 이유로 각지에서 텍사스 주로 이주해 오기 때문에 인구가 증가하여 이번 선거에서는 38의석이 된다. 텍사스주는 전통적으로 공화당이 강세인 보수적인 주였으나, 최근에는 고학력의 IT 관련 기술자들과 중남미의 이민자들이 증가하였는데, 이들 가운데 상당수는 민주당 지지자들이다. 어쩌면 이번 선거에서는 민주당이 강한 블루 스테이트(공화당이 강한 주는 레드 스테이트)가 될지도 모른다. 따라서 텍사스주는 2022년 중간선거에서 주목받는 주 가운데 하나이다.

🌐 공화당이 어느 정도까지 의석수를 더 늘릴 것인가

현재의 의석수는 219 대 212로 가까스로 민주당이 다수당이었다. 2022년 11월, 중간선거에서 하원에서는 공화당이 역전하여 다수당이 될 것으로 예측했다. 한편 상원은 50 대 50인데, 이번 선거에서는 상원의 공화당 베테랑 의원 5명이 불출마를 선언하고 은퇴할 예정이다. 이외에 고령의 의원 2명을 합해서 현직 의원 7명이 출마하지 않는다면 신인 후보자가 입후보할 것이다. 이들 신인 후보들이 얼마나 지지를 받을 수 있을지는 예측하기 어려우므로 과연 이번 선거에서 공화당이 어느 정도 득표할 수 있을지 주목되었다.

바이든 대통령의 지지율 하락이 멈추지 않고 있다.

2021년 11월 2일, 바이든 정권 출범 후 처음으로 주지사 선거가 버지니아주에서 실시되었다. 바이든 정권의 향후를 점칠 수 있는 선거였기에 많은 주목을 받은 선거였다.

버지니아주에서는 최근 몇 차례 선거에서 민주당이 압승을 거듭하였다. 그러나 이때의 주지사 선거에서는 접전 끝에 공화당 후보가 승리하였다. 사실 2009년에도 똑같은 일이 일어났었다. 민주당의 텃밭인 버지니아의 주지사 선거에서 공화당이 승리했다. 이듬해, 오바마 대통령 당시의 중간선거에서도 민주당이 대패하고 공화당이 승리하였다.

2022년 가을 주목의 미국 중간선거

미국 의회의 현상은……

상원
각 주에서
2명씩 선출

50주×2명
총 100의석

**민주당
50의석** **공화당
50의석**

상원의 ⅓인
34명 개선

하원
각 주에서
인구 비례로 선출

총 435의석

**민주당
221의석** **공화당
209의석**

2022년 11월 중간선거

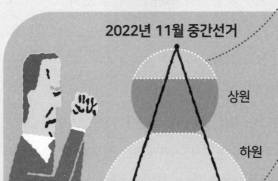

상원

하원

민주 공화

하원의
전부
435명
개선

바이든 대통령은
민주당의 다수
유지를 바람

하원은 공화당이 역전,
다수당이 되리라고
예측됨

트럼프가
2024년
대통령선거의
출마를 노림

대통령 선거에서 민주당의 대통령이 당선되면 2년 후의 중간선거에서는 민주당의 의석이 대폭 감소하고, 반대로 공화당의 대통령이 탄생하면 중간선거에서 공화당이 패하고 민주당이 약진하는 현상이 나타나는 것이다. 유권자의 밸런스 감각이라고 할까, 이러한 투표 행동을 하는 미국인이 많다고 할 수 있을 것이다. 2022년 중간선거에서도 그럴 가능성이 클 것으로 보였다.

그러나 예외적인 경우도 있었다. 조지 W. 부시(아들) 대통령 시절인 2002년 중간선거에서는 공화당이 승리하였다. 2001년 9월 11일 동시다발 테러(9·11 테러)가 일어나 미국민들은 커다란 충격을 받았다. 부시 대통령이 국민들에게 '테러와의 전쟁'을 호소하자 '대통령을 중심으로 모든 국민이 집결해야 한다'는 의식이 높아졌다. 그 결과 공화당 정부에서 실시된 중간선거였지만 공화당이 승리하여 상원에서 과반수를 탈환하였고 하원에서도 과반수를 유지하였다. 극히 예외적인 현상이었다.

🌐 바이든이 대통령이 되자마자 TV 뉴스의 시청률이 하락

바이든 대통령이 당선된 직후 뉴스의 시청률이 하락했다. 미국의 뉴스 전문 TV 방송국인 보수계의 FOX 뉴스는 공화당 지지, 진보계의 CNN은 민주당 편향 보도로 알려져 있다. 그러나 트럼프 대통령 당시에는 양쪽 다 시청률이 높았는데, 트럼프가 낙선하자마자 양쪽 다 시청률 하락으로 고전하고 있다. 어떤 의미에서는 미국의 뉴스 분야에서 '트럼프 로스'(loss)와 같은 현상이 일어난 것이다.

되돌아보면 저자도 트럼프 정권 당시에 뉴욕 타임스와 워싱턴 포스트의 인터넷판을 매일 검색하였다. 생각지도 않은 발언을 트럼프가 연일 쏟아내는 바람에 '오늘은 트럼프가 무슨 말을 할까' 몹시 신경이 쓰였기 때문이었다.

미국에서는 이번 중간선거에서 공화당이 다수를 획득하면 2년 후의 대통령 선거에 트럼프가 다시 입후보할 것으로 많은 사람이 예상한다. 설마 미국의 주요 미디어가 '시청률을 끌어올리는 사나이가 돌아온다'고 기대하지는 않겠지만.

🌐 바이든 지지율 하락의 이유

바이든 대통령의 지지율이 어째서 하락한 것일까. 그 이유는 크게 두 가지라고 생각된다. 하나는 아프가니스탄에서 완전히 철수할 때의 혼란상황 때문이다.

2021년, 바이든 대통령은 20년 동안이나 계속된 '미국 역사상 가장 긴 전쟁'이라고 일컬어지는 아프가니스탄에서의 전쟁을 강제로 끝냈다. 사실상 패배였다. 미국 내에서는 하염없이 계속되는 전쟁에 대한 염증이 고조되어, 미군을 철수하지 않으면 정권을 유지할 수 없는 상태였다. 하지만 철수하는 모양새가 너무나도 졸렬했고, 철수 작전이 대 실패라고 인식되었다. 이것이 지지율 하락의 커다란 원인 이었다. '군사 대국'인 미국이 왜 아프가니스탄에서 패배하였나. 여 기에서 아프가니스탄 전쟁을 되돌아보기로 하자.

2001년 9월 11일, 미국에서 동시다발 테러가 발생하였다. 이슬 람 과격파가 여객기 4대를 동시에 하이재킹하여 이 가운데 2대가 뉴욕의 세계무역센터 빌딩을, 다른 1대가 워싱턴 D.C.의 국방총성 건물을 들이받은 것이다. 나머지 1대는 기내에서 승객들이 저항하 는 바람에 추락하였다.

당시 부시 대통령(아들)은 테러의 주모자를 아프가니스탄에 잠복 하고 있던 반미 테러 조직 알카에다의 지도자, 오사마 빈 라덴이라 고 단정하였다. 부시 정부는 아프가니스탄을 지배하던 탈레반 정권 에게 빈 라덴 용의자의 신병(身柄)을 넘겨줄 것을 요구하였다. 탈레 반 정권은 이를 거부하였다. 격노한 부시 대통령은 '테러리스트를 은닉하는 자도 같은 범죄자'라고 주장하며 아프가니스탄을 공격하 였다. 격렬한 공중 폭격 때문에 탈레반 정권은 곧 붕괴되었다.

탈레반 정권이 붕괴한 후에도 미국은 아프가니스탄에 미군을 주둔시켰는데, 이는 아프가니스탄을 안정되고 정상적인 국가로 탈바꿈시키는 것이 테러 대책이라고 생각했기 때문이었다. 탈레반의 일부는 이웃 나라인 파키스탄의 국경 지대로 도주하였다.

한편, 용의자인 빈 라덴은 행방이 묘연해졌는데, 드디어 파키스탄에 잠복해 있음이 밝혀졌다. 그는 2011년 5월, 잠복 중이던 파키스탄에서 9·11 사태가 일어난 지 거의 10년 만에 미군 특수부대에 의해 살해되었다.

탈레반 정권을 쓰러뜨린 미국은 아프가니스탄에 친미 정권을 수립하였다. 그러나 반 탈레반 군벌들을 끌어모은 데 지나지 않은 친미 정권은 너무 부패하여 군대의 건설이 제대로 이루어지지 않는 상태가 계속되었다. 이러한 가운데 살아남은 일부 탈레반 병사들은 뿔뿔이 흩어져 전국 각지에 잠복하며 재기의 기회를 노리고 있었다.

🌐 가까스로 미군은 아프가니스탄에서 철수했지만

부시 대통령은 동시다발 테러 사건이 일어난 지 2년이 지난 2003년에도 이라크를 상대로 전쟁을 개시하였다. 이라크의 사담 후세인 대통령을 적대시하고 있던 부시 대통령은 '이라크가 대량 파괴 핵무기를 개발·보유하고 있다'는 이유로 이라크를 공격한 것이다. 아프가니스탄에 주둔 중인 미군의 대부분을 이라크로 파견하였다. 이 때문에 '공백 지대'가 된 아프가니스탄에서는 탈레반이 세력을 회복하여 다시 국토의 거의 모든 지역을 지배하게 되었다.

미군은 한때 최대 10만 명 규모의 부대가 아프가니스탄에 주둔하였는데, 희생된 미군의 수는 약 2,500명 이상에 달하였다. 아프가니스탄에는 미군 외에도 북대서양조약기구(NATO)의 군대도 주둔하였는데, 2011년에 빈 라덴이 살해된 후 2014년 말까지 대부분 철수하였다. 우연하게도 같은 해 러시아가 우크라이나의 크림반도를 병합하였다.

결과적으로는 이라크가 대량 파괴 무기를 개발하지 않았음이 밝혀졌다. 2022년 러시아의 푸틴 대통령이 우크라이나를 침공한 것은 과거에 미국이 이라크를 공격한 것을 구실로 삼은 것이다. 다시 말해 미국이 이라크를 공격하는 것이 허용된다면 러시아도 우크라이나를 공격해도 된다는 명분이었다.

미국은 장기화하는 '테러와의 전쟁'에 피로감을 느끼고 있었다. 전쟁 비용은 눈덩이처럼 불어나는데. 아프가니스탄에는 이렇다 할 자원도 없었기 때문에 미국으로서는 메리트가 없었다. 이러한 가운데 처음에는 전쟁에 찬성하던 미국민들도 점차 전쟁에 의문을 품기 시작하였다.

바이든 대통령은 '동시다발 테러로부터 20년이 지난 9월 11일까

아프가니스탄 철수가
초래한 것

발단

2001년 9월
미국에서
동시다발 테러 발생

테러의 주모자
오사마 빈 라덴을
아프가니스탄이
은닉하였다

2001년 10월
미군이
아프가니스탄을
공중 폭격

아프가니스탄

탈레반 정권

탈레반 정권 붕괴

미군이 주둔

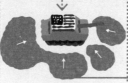

그러나 탈레반은
이웃나라 파키스탄
국경 산악지대로
도주하여 잠복

미군의 대부분이
이라크로
파병되자……

탈레반이 반격,
다시 국토의
대부분을 지배

2021년 8월 말

탈레반 정권
부활

미군이 완전 철수

미군의
철수와 동시에
신 정권 수립

지 아프가니스탄에 주둔하는 미군을 완전히 철수하겠다'고 표명하고, 실제로 2021년 8월 말에 완전히 철수시켰다.

바이든 정권에 충격을 입힌 것은 철수할 때의 우왕좌왕하는 모양새였다. 아프가니스탄에는 미국 대사관원과 미국 정부에 협력한 수천 명의 아프가니스탄인이 남아 있었다. 그들이 아프가니스탄에 머물러 있으면 탈레반의 보복을 받을 우려가 있었다.

미국 정부는 아프가니스탄에 남아 있는 사람들을 피난시키려고 수송기를 보냈지만, 공수(空輸) 작전이 제대로 이루어지지 않아 또다시 많은 사람이 뒤에 남겨지고 말았다. 그 중에는 탈레반에게서 도망하기 위해, 이륙하는 미군의 비행기에 매달렸다가 떨어져 사망한 사람도 있었다. 뉴스에서 이런 비참한 광경이 보도되자 바이든 정부의 아프가니스탄 정책을 비난하는 목소리가 높아졌다. 다만, 아프가니스탄에서의 철수는 오바마 정부 때부터의 기정 노선이었고, 철수의 절차를 마련한 것은 트럼프 정권이었다.

🌐 미국이 떠난 아프가니스탄에서는

트럼프 전 대통령은 후보 시절에 대통령이 되면 '아프가니스탄에서 군대를 철수하겠다'는 공약을 내걸었다. 트럼프는 임기 4년 동안에 자기의 모든 공약을 실현하려고 행동에 나섰다. 아프가니스탄 정부를 완전히 무시한 채 일방적으로 탈레반과 직접 대화에 나선 것이다. 탈레반의 파견 기관이 있는 카타르에서 탈레반 측과 교섭하였다.

트럼프는 '아메리카 퍼스트'라는 기치 아래 더 이상 아프가니스탄에 관여하지 않고 서둘러 철수하고자 하였다. 아프가니스탄 정부는 탈레반에 대한 공포심으로 미군이 남기를 바라며 미국과의 대화를 원했지만, 트럼프는 이를 무시하였다. 아프가니스탄 정부와 대화를 하게 되면 미군을 철수하기가 곤란해지기 때문이었다.

바이든 대통령도 미군 철수를 기정사실로 인정하고 트럼프의 방침에 따라 지체없이 철군을 진행하였다. 요컨대 아프가니스탄을 버린 것이다.

신종 코로나바이러스가 퍼지기 전에 저자는 취재차 미국을 방문하였다. 이때 지역 TV 뉴스에서 '우리 주 출신의 아무개가 전사하였다'라고 보도하는 것을 보고 미국이 여전히 전쟁 중임을 실감할 수 있었다. 미국은 역사상 지금까지 제1차 세계대전을 비롯하여 제2차 세계대전, 6·25전쟁, 베트남전쟁 등 수많은 전쟁을 하였는데, 아프가니스탄에서는 이보다 훨씬 긴 전쟁을 경험하였다.

한 가지 덧붙인다면, 바이든 대통령이 2021년 9월 11일까지 미군을 완전히 철수하겠다고 선언했을 때, 트럼프는 철수를 결정한 것은 자기라고 주장하며 스스로 공적을 자랑한 바 있었다. 그런데 막상 철수 작전이 대혼란에 빠진 것을 보고, 바이든 정부의 무능함을 격렬하게 비난하였다.

미국이 떠난 아프가니스탄에서는 다시 이슬람 원리주의 세력인 탈레반이 권력을 장악하였다. 20년간의 노력은 물거품이 되고 결국 과거로 되돌아갔다. 그뿐만 아니라 탈레반에 대한 경제 제재 때문에 식료품과 의약품 등이 고갈되어 아프가니스탄은 사상 최악의 생존 위기에 빠져있다.

일본도 카타르에서 탈레반과 교섭하여 일본에 협력한 아프가니스탄인들을 조금씩 구출하였다. 앞으로 이 사람들을 일본 국내에 정착시킬 것인지, 아니면 미국으로 보낼 것인지를 두고 일본 정부가 고심 중이다.

🌐 바이든의 '뉴딜정책'

바이든 대통령의 지지율이 하락하는 또 하나의 이유는 국내 문제이다. 바이든 대통령은 사회보장 프로그램의 확충과 인프라 정비 등, 거액의 재정 지출을 거듭하였다. 세계 대공황으로부터 미국 경제를 부활시킨 프랭클린 루스벨트 대통령의 '뉴딜정책'에 필적할 정도의 대규모 정책을 실시함으로써 미국을 부활시키고자 한 것이다.

일본도 고도 경제성장기에 완공한 교량 등의 인프라가 노후화되어 문제가 되고 있는데, 미국도 통행료 무료인 프리웨이(freeway)가 노후화되어 여기저기 움푹 파인 구덩이가 산재해 있고, 수도관도 파열되어 누수가 발생하는 등 인프라의 노후 현상이 심각하다.

공화당은 전통적으로 건전한 재정 상태를 유지하는 것을 기본 정책으로 삼고 있기에 예산을 둘러싸고 민주당의 대통령과 의견이 일치하는 경우는 거의 없었다. 이에 반해 민주당 내에는 경제를 회복시키기 위해서는 재정 지출을 더 해야 한다고 주장하는 사람도, 지나친 재정 지출이라고 주장하는 사람도 있다.

다른 법안에서도 공화당은 '반민주당'으로 일치되어 있지만, 지금의 민주당에는 버니 샌더스[1]처럼 자신을 민주사회주의자라고 자칭하는 '민주당 좌파'가 있는가 하면, 사회주의에 반대하는 중도파도 있는 등 당내가 분열되어 있다. 결과적으로 민주당은 당내를 제대로 통합시키지 못하고 있기에 이러한 실망감으로 인하여 지지율도 하락하고 있다.

바이든을 돕기 위해 타협하려는 사람도 있지만, 끝까지 자기 의견을 관철하려는 사람들이 결국은 바이든의 발목을 잡은 셈이다.

일본의 경우에는 '당의 구속'(黨議 拘束), 즉 당이 정한 방침에 따른다는 전통이 있다. 여당인 자민당이든 입헌민주당을 비롯한 야당이든 어떤 법안이 발의되면 당으로서의 방침을 정한다. 개인적으로는 당이 결정한 것과 다른 생각을 하더라도 당원인 이상 당의 방침에 따른다. 그러나 미국에는 '당의 구속'이라는 전통이 없다. 공화당 의원이든 민주당 의원이든 자기의 생각에 따라 자유 투표한다. 따라서 당이 정한 방침을 뒤집는 의원들이 있으면 좀처럼 정책을 실현할 전망이 확실치 않기 때문이다.

바이든은 지금 민주당 내의 중도파와 진보파 사이에 끼어 꼼짝달싹 못하는 형편이다. 국민의 눈에는 바이든이 지도력이 없는 것으로 보이는 것이다.

신종 코로나바이러스 대책만 하더라도, 바이든이라면 제대로 대응할 것이라고 기대했던 사람들이 실망감을 감추지 못하고 있다. 바이든 대통령은 '탈트럼프', '과학 중시'(重視)로 코로나 대책이 성공하리라고 생각했지만, 델타 변이와 오미크론 변이가 나타나자 다시 감염자가 폭증하여 국민이 바이든 정부에 등을 돌리고 있다.

미국인들은 정말로 마스크 쓰는 것을 싫어하는 국민이다. 2020년 2월, 저자는 대통령 선거를 취재하기 위하여 미국을 방문하여 각지를 돌아다닌 적이 있었다. 마침 중국에서 신종 코로나바이러스가 번지기 시작하여 일본에서도 감염자가 증가하던 무렵이었다. 일본인은 화분증(花粉症, 꽃가루 알레르기) 대책으로 마스크를 쓰는 경우가 많으므로 일반적으로 마스크에 별다른 위화감을 느끼지 않는다. 그러나 미국에서는 마스크를 쓰고 있으면 중병인 취급받기 십상이다. 병원에 입원해 있어야 할 사람이 외출 허가를 받아 돌아다니고 있다고 생각한다.

백신 접종도 강요받으면 격렬하게 반발하는 사람들이 상당수 있다. 백신을 접종하든 말든 어디까지나 개개인이 결정할 문제이지 국가가 강제할 사항은 아니라고 생각한다. 개인주의 성향이 강한 미국인들은 개인의 권리를 아주 중요시하는 국민이다. 경우에 따라서는 이러한 사고방식은 훌륭한 것이기는 하지만, 감염증에 관한 한 이런 생각이 오히려 역효과를 야기하기 때문이다.

텍사스주 등은 주지사가 앞장서서 반대하고 있다. 마스크 착용을 의무적으로 강제하는 학교에는 벌금을 부과하고 있다. 이러한 상황이기 때문에 신종 코로나바이러스 사태가 좀처럼 가라앉지 않고 있다. 이것이 미국이라는 나라이다.

🌐 미국에서 늘어나는 '중절 금지' 인정 주(州)

미군이 아프가니스탄에서 완전히 철수했다는 뉴스가 연일 보도되는 가운데, 미국 내에서는 또 다른 뉴스가 대대적으로 전파를 타고 있었다. 미국 남부의 텍사스주에서 일어난 '중절 금지법'을 둘러싼 논쟁이다.

지금 미국에서 대단한 논쟁거리는 임신중절이 헌법을 위반하는 가 아닌가 하는 문제이다. 미국에서는 남부의 주를 중심으로 인공 임신중절을 규제하는 법률이 연이어 제정되고 있다. 미국에서 임신중절은 '살인'에 해당한다고 하여 이에 강력하게 반대하는 기독교 보수파가 영향력을 갖고 있다. 이런 사고방식을 갖는 사람들 가운데 상당수는 공화당 지지자들이다. 이에 반해 '중절할지 안 할지를 결정하는 것은 여성의 권리'라고 생각하는 대부분 사람은 민주당 지지자들이다. 이런 이유로 중절은 미국의 여론을 양분하는 문제이며, 중절을 인정하느냐 아니냐가 공화당과 민주당의 대립 불씨가 되고 있다.

2015년 이듬해, 대통령 선거를 앞두고 저자는 미국 중부의 아이오와주에서 열린 공화당 당원들의 회합을 취재한 적이 있었다. 이때 저자는 참가자들에게 어떤 기준으로 대통령을 선택할 것인지를 질문하였다. 대다수는 '동성혼과 임신중절을 인정하지 않는 후보'라고 대답하였다.

이런 가운데 텍사스주에서 성립된 중절 금지법은 미국 전역에서 가장 엄격한 법률로 여겨지고 있다. 그 내용은, 우선 '임신 6주째 이후의 중절은 금지', 정확하게는 태아의 심장박동이 확인된 후부터 인공 임신중절은 금지이다. 임신 6주째는 임신 여부를 확인할 수 있는 마지막 시점이다. 대부분 여성은 6주째가 되어도 아직 알아차리지 못한다. 만약 알아차린다면 이미 중절할 수 없게 된다.

더구나 이 법률이 문제가 되는 것은 '성폭행에 의한 임신도 예외가 아니기' 때문이다. 성폭행이나 근친자(近親者)의 성적 학대로 인한 임신이라 할지라도 중절이 인정되지 않는다.

또한, 이 법률에서는 임신 6주째 이후에 중절 수술한 의사뿐만 아니라 중절을 희망하는 여성을 의료기관에 데려간 사람도 고소할 수가 있다. 가족이든 아니면 우연히 임신부를 태워 준 택시 기사이든 중절을 '도와준' 사람과 '방조'(幇助)한 사람은 미국 국민이라면 누구라도 소송의 대상이 되기도 하고 누구라도 소송을 제기할 수 있으며, 손해 배상 최고 청구액은 1만 달러까지이다.

이 법률을 둘러싸고 텍사스주의 의사들이 정지를 요청하였으나, 연방대법원이 판단을 유보했기 때문에 예정대로 2021년 9월 1일부터 법률이 발효되었다.

🌐 트럼프 전 대통령의 '남겨둔 선물'이 끼친 영향

미국의 연방대법원은 9명의 판사로 구성되어 있다. 이 법률의 시행을 정지해야 한다고 주장한 판사가 4명이었으며, 법률의 시행을 지지한 판사가 5명이었으므로 5 대 4로 정지 요구는 기각되었다.

연방대법원 판사의 임기는 종신인데, 트럼프 전 대통령이 보수파 판사 3명을 지명함으로써 보수파 6명 대 진보파 3명으로 보수파가 다수를 점하고 있다. 덧붙여 말하면 이번에 정지 요구를 인정하지 않는, 즉 법률의 시행을 주장하는 판단을 내린 5명 가운데에는 트럼프가 지명한 에이미 코니배럿 판사도 포함되어 있었다. 그녀는 2020년 암으로 말미암아 87세로 사망한 진보파인 루스 베이더 긴즈버그 판사의 후임으로 지명되었는데, 이전부터 임신중절에 반대의 입장을 견지해 온 것으로 잘 알려져 있었다. 트럼프 전 대통령이 '남겨둔 선물'이 완벽하게 기능하여 효과를 발휘했다고 할 수 있다.

미국 정부는 텍사스 주가 제정한 중절 금지법은 위헌이라고 주장하고 있지만, 공화당이 주의회에서 다수를 점하고 있는 다른 주에서도 유사한 법률이 시행될 기세이다.

실제로 2022년 4월에 오클라호마주에서는 인공 임신중절을 법률 위반이라고 규정했다. 이를 실시하는 경우에는 최대 10만 달러의 벌금이나 최대 금고 10년 또는 벌금형과 금고형을 함께 선고하는 중형을 과하기로 결정하였다.

과거에는 중절 수술을 시행했던 의사가 중절을 반대하는 과격파에 사살되는 사건이 벌어지기도 하였다. 태아의 생명을 지키기 위해서 중절 수술을 반대한다고 주장하는 사람이 의사를 살해하였으니 이것이야말로 모순된 행동이라고 하지 않을 수 없다. 이 또한 '우리가 모르는 미국'인 것이다.

🌐 미·중 대립의 전망, '동풍이 서풍을 압도'할 것인가

바이든 대통령은 미국형 민주주의의 이념을 전 세계에 확산시키려는 인물이다. 그러나 아프가니스탄을 보더라도 알 수 있듯이 미국형 민주주의가 반드시 환영받는 것은 아니다. 한때 미국은 중국도 미국형 민주주의 국가가 되리라고 기대했으나 너무 낙관적인 판단이었다.

일본에서 만든 세계지도를 보면, 일본이 한가운데에 있다. 그리고 미국은 오른쪽에, 중국은 왼쪽에 있다. 그러나 세계적으로는 유럽이 중심에 오는 세계지도가 글로벌 스탠더드이다. 이 지도를 보면 중국은 동쪽에, 미국은 서쪽에 있다.

제2차 세계대전 후 동서 냉전이 계속되었는데, 동서 냉전에서 동은 중국 또는 소련을 가리키고, 서는 미국과 서유럽을 가리킨다.

동서 냉전 초기 중국은 마오쩌둥의 시대였다. 마오쩌둥은 '동풍이 서풍을 압도한다'라는 유명한 말을 남겼다. 세계에는 두 개의 바람, 즉 동풍과 서풍이 불고 있다. 마오쩌둥은 '동쪽의 사회주의 진영이 서쪽의 자본주의 진영에 이긴다'는 말을 하고 싶었다.

현재 중국은 미국 본토를 사정권 안에 두는 '둥펑'(東風)이라는 대륙 간 탄도미사일을 보유하고 있다. 그후 버전 업을 거듭하면서 5호 또는 9호라는 번호를 붙이고 있는데, 이것이 중국의 상징임을 알아두기 바란다.

세계 제1, 제2의 대국인 미국과 중국의 관계가 악화됨에 따라 양국의 대립을 '신냉전'이라고 부르고 있다. 그러나 미국은 대중(對中) 무역 적자가 심각한 상황이며, 경제적 측면에서 중국에 크게 의존하고 있으므로 경제적으로는 양국이 결정적인 대립까지는 가지 않으리라고 예상된다.

🌐 미국이 제기한 '외교적 보이콧'

미국은 2022년에 개최된 베이징(北京) 동계올림픽·패럴림픽에 정부 관계자를 파견하지 않는 '외교적 보이콧'을 표명하였다.

과거에는 정부 관계자는 물론, 선수단마저 파견하지 않는 '보이콧'이 실시된 적도 있었다. 예를 들면, 1980년의 모스크바에서 열린 하계올림픽에 미국, 일본, 서독 등 서방 국가들이 선수단을 파견하지 않았다. 1979년 12월, 당시 소련이 아프가니스탄을 침공하였기 때문이었다. 당시 미국의 지미 카터 대통령은 모스크바 올림픽을 보이콧하도록 전 세계에 촉구하였고, 일본도 이에 호응하여 선수단을 파견하지 않았다.

그때 올림픽에 나가기만 하면 금메달 확실이라고 여겼던 유도 선수 야마시타 야스히로(山下泰裕)가 눈물을 흘리며 올림픽에 출전하고 싶다고 기자회견 장면을 기억하던 사람들도 있을 것이다.

그로부터 4년 후인 1984년의 로스앤젤레스(LA) 올림픽에는 이에 대한 보복으로 소련을 비롯한 동독 등 공산주의 국가들이 보이콧하여 양 진영이 서로 상대 진영의 올림픽을 거부하였다. 냉전 하에 양 진영이 얼마나 첨예하게 대립하고 있었는지를 알 수 있다.

바이든 정권으로서는 '중국의 인권 상황을 용인하지 않겠다'는 강력한 자세를 표명한 것이다. 외교적 보이콧의 이유로는 신장 위구르 자치구 등에서 인권 억압이 계속되고 있는 상황을 지적하고 있다.

일본은 정부 수뇌는 파견하지 않지만, 올림픽위원회의 회장은 파견한다는 모호한 태도를 보였다. 미국에는 일본도 외교적 보이콧에 참여한다는 자세를 보이는 한편, 중국에 대해서는 나름대로 비중 있는 인물을 파견함으로써 예상했던 대로 양다리를 걸치는 태도로 해결하였다.

마국, 오스트레일리아, 캐나다, 영국 등이 외교적 보이콧을 실시한데 대해서 중국 정부는 격렬하게 이 나라들을 비난하였지만, 일본에 대한 비난은 절제하였다. 다시 말해 중국은 중국대로 일본의 입장을 이해한 것이었다. 무역 상대국으로서의 일본은 중국에도 중요한 나라이기 때문이다.

일본과 중국 두 나라가 서로 결정적인 대립만은 회피하려는 태도가 이번 사태를 통해서 극명하게 드러난 것이라 생각된다.

🌐 민주주의와 전제주의의 싸움

2021년 12월 9일, 미국은 일본을 비롯한 약 110여 개국과 지역을 초대하여 최초의 '민주주의 서밋'을 열었다. 민주주의 국가들의 집결을 주창한 것이다.

초대받은 나라는 일본과 EU, 영국, 오스트레일리아, 타이완 등이며, 바이든 정부가 '전제주의 국가'라고 규정한 중국과 러시아는 당연히 초대하지 않았다.

이에 대해서 러시아 외무성은 미국의 아프가니스탄 정책 등을 예로 들면서 '민주화를 강요하는 군사적인 모험이 피비린내 나는 전쟁을 불러일으켜 국가적인 비극을 초래하였다'는 성명을 발표하였다. 요컨대 '미국은 군사력으로 타국에 민주주의를 강요하고 있다'고 비난한 것이다. 미국이 아프가니스탄을 공격했던 20년 전에는 미

세계는 민주주의와 전제주의의 대결로 향하고 있는가?

민주주의

러시아가
우크라이나를
침공

아프가니스탄에서는
미군 철수 후 즉각 탈레반이 복귀
민주화는 간단히 뿌리를 내리지 못한다

베이징 동계올림픽에
미국이 외교적 보이콧

국이 세계 유일의 초강대국이었다.

그러나 지금은 중국의 국력이 뚜렷하게 강해지고 있으며, 따라서 세계의 파워 밸런스는 크게 변화하고 있다. 분명히 지금까지 미국은 '자유'와 '민주주의'라는 대의를 앞세워 타국에 민주주의를 확산시켜 왔다.

그러나 최근에는 그러한 시도가 모두 실패하여 많은 희생을 치렀다. 바이든 대통령은 군사적 긴장이 높아지고 있던 우크라이나 정세를 둘러싸고, '만약 러시아가 우크라이나를 침공한다면 미군이 우크라이나를 지켜줄 것인가'라는 질문에 대해서, '경제 제재는 하겠지만 미군을 우크라이나에 파견하지는 않을 것'이라고 단언하였다. 이것은 실언이며, 경솔한 답변이라고 생각한다.

우크라이나에 파병하면 러시아와 전쟁할 수밖에 없으므로 바이든이 이렇게 답변한 의도는 충분히 이해할 수 있다. 그러나 처음부터 이렇게 말해 버리면 푸틴은 안심하고 공격할 수 있게 된다.

따라서 '군사적 수단을 취할 것인가'라는 질문에 대해서는 '모든 대항 수단이 테이블 위에 놓여 있다'고 대답하면 되는 것이다. 실제로는 전쟁할 의사가 없다 하더라도 군사적 수단을 배제하지 않는다고 답변하는 것이 억지력(抑止力)이 되는 것이다.

바이든 대통령은 일찌감치 중요한 카드를 내버린 격이었다. 러시아와의 충돌을 회피하려는 의도는 좋았지만, 오히려 이것이 리스크가 되어버렸다.

러시아는 미국이 군대를 파견하지 않을 것으로 판단하고 마음 놓고 우크라이나를 침공한 것이다. 일본에도 영향이 있었다. 즉, 북방영토2) 교섭이 암초에 걸린 것이다. 우크라이나 전쟁은 그저 다른 나랏일이라고 생각할 수만은 없다. 일본의 위기에도 직결되는 사건이기 때문이다.

과연 러시아의 대의는 무엇인가. 다음 장에서 자세히 설명하기로 하겠다.

미주

1) 본명은 버나드 샌더스이지만 애칭인 버니 샌더스로 더 유명하다. 2016년과 2020년 민주당의 대통령 후보 경선에 나섰으나 실패하였다.
2) 일본과 러시아 사이에 영토 분쟁을 하는 지역.

이렇게 많은 희생자가 나왔기 때문에 무슨 일이 있더라도
외부의 침략으로부터 자국을 지켜야 한다는 의식이 러시아인들에게는 강렬하게 남아 있다.

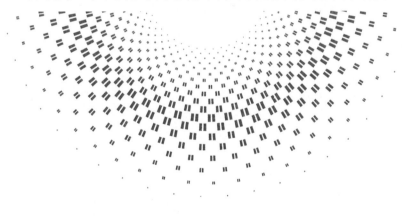

제 **2** 장

흔들리는 유럽

🌐 시작은 8년 전의 크림반도 병합

2022년, 우크라이나와 러시아를 둘러싼 동향에 전 세계가 주목하였다. 러시아는 2021년 가을부터 우크라이나의 국경 부근에 약 10만 명의 부대를 배치하고 군사 훈련을 진행하고 있었다. 지금까지 본 적도 없는 대규모의 전쟁 준비를 하고 있었다.

현대는 우주의 정찰 위성을 통해서 타국 군대의 움직임을 훤히 들여다볼 수 있다. 러시아군은 대규모 병력 이동을 과시하며 우크라이나에 압력을 가하고 있었지만, 러시아가 실제로 군사 침공을 하리라고 생각한 사람은 그다지 많지 않았을 것이다. 설마 우크라이나의 수도인 키이우(러시아어 발음은 키예프)까지 공격할 줄이야.

푸틴 대통령은 도대체 왜 이러한 폭력적 행동에 나선 것일까. 지금까지의 흐름을 되돌아보기로 하자.

2014년 2월, 러시아가 우크라이나의 영토인 크림반도를 점령하였다. 푸틴 대통령은 2008년에 조지아(러시아어 발음은 그루지야)에 개입하였을 때부터 '대러시아의 부활'을 꾀하며, 러시아, 카자흐스탄, 벨라루스 등과 함께 '유라시아 경제연합'(EAEU)의 창설을 구상하였다. 러시아가 주도하는 경제동맹인데, 여기에 우크라이나를 참여시키려고 했다. 그러나 2013년 말, 당시 우크라이나의 빅토르 야누코비치 대통령은 유럽연합(EU)과의 사이에 경제연휴협정(經濟連携協定)을 체결하기로 약속하였다. 이것은 언젠가 EU에 가입하기 위한 포석이었다.

이에 푸틴 대통령이 격노하여 야누코비치 대통령에게 압력을 가하였고, 원래 '친러시아파'라고 알려진 야누코비치는 푸틴이 지시하는 대로 EU와의 협정 체결을 위한 교섭을 중지하였다. 그러자 이번에는 EU 가입에 찬성하는 우크라이나 국내의 '친유럽파'가 분노하였다. '우리는 러시아가 아니다'라고 반발한 것이다. 수도 키이우 등 각지에서 반정부운동이 격화되자 야누코비치 대통령은 러시아로 망명하였고, 이로써 야누코비치 정권은 붕괴하였다.

🌐 소련의 최고지도자 후르시초프가 뿌린 씨앗?

그렇다면 원래 우크라이나는 어떤 나라인가? 1991년 소련이 붕괴한 후 우크라이나는 독립했다. 러시아가 병합한 크림반도는 우크라이나 영토였지만, 이 지역의 대부분 주민은 구소련 시절에 이주해 온 러시아계였다. 구소련 시절, 크림반도는 소련을 구성하는 15개 공화국 가운데 러시아 공화국 영토였다. 스탈린이 죽은 후 최고지도 자가 된 후르시초프가 1954년 '우호의 증표'로 우크라이나에 넘겨 주었다. 스탈린 통치하에서 우크라이나가 엄청난 학정에 시달렸기 때문에 그것에 대한 보상이었는지도 모른다.

러시아와 우크라이나가 함께 소비에트 연방을 구성하고 있을 때 는 아무런 문제가 없었지만, 1991년 소련의 붕괴로 우크라이나가 독립하자 크림반도는 1992년에 '크림 자치공화국'으로서 우크라이 나로부터 독립을 선언했다. 결국, 독립은 이루지 못하고 우크라이나 에 남게 되었으나, 1998년에는 자치권을 갖는 '크림 자치공화국'이 되었다. 크림반도의 귀속을 둘러싸고 분쟁이 계속되었다. 이러한 상 황에서 2014년 친러시아파였던 야누코비치 정권이 붕괴하고 친 유 럽파 정권이 들어서자 크림반도에 거주하는 러시아계 주민들 사이 에 자기들의 권리가 억압될지 모른다는 동요가 확산되었다.

이처럼 정세가 불안한 가운데, 러시아가 보낸 무장한 복면을 쓴 병사들이 혼란을 수습한다는 명목으로 크림반도에 투입되어, 독립 을 묻는 주민투표를 실시케 하였다. '주민들이 독립을 원하기 때문 에 러시아에 병합한다'는 형식을 취한 것이다. 2014년 3월 16일, 주 민투표로 우크라이나로부터의 독립과 러시아로의 편입이 승인되었다. 후르시초프의 선물이 세월이 흐른 후 이런 형태로 분쟁의 씨앗이 되고 만 것이다.

🌐 러시아계 주민이 많은 돈바스 지방에서도

2014년, 거의 동시에 일어난 사건이 돈바스 전쟁이다. 우크라이나의 동부에 있는 도네츠크주(洲)와 루간스크주(洲)를 포함한 '돈바스'라고 총칭되는 지역에서 친러시아계의 무장 세력이 무력 투쟁을 개시한 것이다. 이곳도 러시아계 주민이 많은 지역이다.

러시아는 러시아군의 개입을 계속 부인했지만, 실제로는 러시아군에서 형식적으로 이탈시킨 병사들을 파견하여 우크라이나 정부군과의 사이에 전쟁 상태에 돌입히었다.

2014년까지는 우크라이나 국내에서도 북대서양조약기구(NATO)에 가입을 찬성하는 세력과 반대하는 세력이 팽팽히 대립하고 있었다. 그러나 크림반도 병합과 돈바스 전쟁 이후 러시아에 대한 반발로 양 세력의 균형은 무너지고 EU와 NATO에 가입을 주장하는 여론이 고조되었다.

그러면 NATO는 우크라이나에 대해서 어떤 입장을 취하고 있는가. 2008년 4월 루마니아의 수도 부쿠레슈티에서 열린 NATO 수

푸틴의 목표는 대러시아 부활

제정 러시아
표트르 1세

푸틴 대통령

대러시아의
부활이 목표

우크라이나는
원래 러시아의 것
서방(西方) 진영으로
가는 것은
허용할 수 없다

NATO에
들어가고
싶어

벨라루스

조지아

아제르
바이잔

카자
흐스탄

우크라이나

크림반도
2014년 러시아가
군사 침공하여 병합

러시아로서는
완충지대가
반드시 필요

뇌 회의에서는 우크라이나와 조지아가 '장래에는' NATO의 가맹국이 될 수 있다고 선언하였다. 당시 유럽 내에는 러시아를 불필요하게 자극해서는 안된다는 신중한 의견이 있었기에 결과적으로는 모호한 선언이 되고 말았다. 이후 우크라이나는 러시아와 NATO 사이에서 엉거주춤한 상태로 남게 되었다.

NATO의 입장에서는 우크라이나가 가맹국이 아니므로 러시아가 침공하더라도 우크라이나와 함께 러시아와 싸울 수는 없을 것이다. NATO 가맹국 가운데 어느 한 나라라도 개입한다면 러시아와 전쟁이 벌어지기 때문이다. 러시아와 전쟁이 벌어진다는 것은 곧 제3차 세계대전이 발발할 위험성을 의미하는 것이다. 이것이 '완충 국가'의 운명인가.

🌐 러시아의 행동 원리는 오로지 '남하'

러시아는 2014년, 우크라이나의 크림반도를 병합함으로써 선진국 정상회담인 〈G8〉에서 배제되었다. 러시아에 대한 경제 제재도 강화되었다. 이러한 상황이 벌어질 것을 잘 알면서도 러시아는 왜 우크라이나를 공격하는 것일까.

세계는 러시아를 침략 국가라고 보고 있다. 공공연히 핵무기를 사용할 가능성까지도 언급하는 등 푸틴은 과격한 독재자이다. 그러나 여기에서 굳이 '러시아의 눈높이'로 세계를 바라보기로 한다. 결론적으로 침략적인 국가는 서유럽 여러 나라이며, 러시아는 오히려 피해자라는 것이 푸틴의 입장이다. 이러한 러시아(푸틴)의 행동 밑바탕에는 서유럽에 대한 공포심과 트라우마가 있다.

러시아는 분명히 세계 제1의 광대한 영토를 가지고 있지만, 대체로 유라시아 대륙의 북반부에 있으며, 영구적인 동토(凍土) 지대인 시베리아 지역을 포함하고 있다. 따라서 '얼지 않는 항구를 갖고 싶다'는 것이 역사적으로 러시아의 행동 원리인 것이다. 이러한 까닭으로 러시아는 수세기 전부터 부동항(不凍港)을 찾아 남쪽으로 진출하는 남하 정책을 대외정책의 핵심으로 삼아왔다.

이러한 러시아는 일본에도 위협이었다. 제정 러시아 시대에 일본은 러시아가 남하하여 한반도를 점령할지도 모른다고 두려워하였다. 청일전쟁과 러일전쟁은 결국 '한반도의 지배'를 둘러싸고 일어난 전쟁이었다.

유럽으로 눈을 돌리면, 1812년 프랑스의 나폴레옹이 러시아를 침공하였다. 프랑스가 오스트리아 제국 및 프로이센과 함께 60만 대군을 동원하여 모스크바를 함락했다. 당시에는 상트페테르부르크가 수도였지만, 대도시인 모스크바가 먼저 프랑스에 점령당했다. 나폴레옹은 더욱더 동쪽으로 진군하려고 하였으나, 결국에는 러시

러시아는 줄기차게 남하한다

러시아
해양 교역을 위한
항구가 없었다

북극해에 면해 있는
항구는 겨울에는
얼어서 폐쇄된다

**얼지 않는
항구가 필요**
오래전부터 러시아의
행동 원리

러시아의
남하 정책

흑해에서 지중해로
나가는 루트를
확보하려고
▼
크림반도가
중요한 거점이 된다

크림반도
러시아

흑해

아의 극한 추위로 말미암아 철수했다. 이때 수많은 러시아 국민들이 죽음을 면치 못했지만, 이 전쟁을 러시아에서는 '조국 전쟁'이라고 부르며 국가를 지킨 성전(聖戰)으로 삼아 어린 세대들에게 가르치고 있다.

🌐 제1차 세계대전에서 큰 타격을 받아 혁명이 일어났다

다음에는 독일이 러시아를 침공하였다. 제1차 세계대전이 발발한 1914년 당시 독일은 독일 제국(중심은 프로이센)이었다. 독일은 먼저 프랑스를 공격한 후 러시아를 침공했다. 당시의 제정 러시아는 동맹국인 프랑스의 요청을 받아들여 독일 제국과 싸우게 되었는데, 근대화에 뒤처진 러시아군은 총력전을 견디지 못하고 패주했다.

장기화되는 독일 제국과의 전쟁으로 러시아의 국가 재정은 파탄나고, 여성은 물론 아이들까지도 노동에 동원되기에 이르렀다. 동네마다 생필품이 동이 나서 러시아 국민들의 생활은 비참 그 자체의 상태로 내몰렸다.

이때 불만이 원인이 되어 러시아 국내에서 혁명이 일어났다. 1917년의 '러시아 혁명'이 그것이다. 볼셰비키(훗날의 소련공산당)의 지도자인 레닌은 자본주의의 확대를 노리는 제국주의가 악이라고 규정하고, 전쟁을 끝낼 것을 주장하였다.

레닌이 주도하는 혁명으로 200여 년에 걸친 제정 러시아는 붕괴되었다. 그후 레닌이 세계 역사상 최초의 사회주의 국가를 건설하는 데, 이때부터 러시아는 더욱더 비극적인 상황에 직면하게 된다. 1918년에는 소련에 대한 간섭 전쟁도 일어난다.

제1차 세계대전의 연합국(영국, 일본, 프랑스, 이탈리아, 미국, 캐나다, 중화민국)들이 '사회주의 혁명이 타국으로 확산될 수도 있다'는 위기감을 품고 러시아 영토로 침공하였다. 일본도 군대를 시베리아에 파병하여 반혁명 세력을 지원하였다. 소위 '시베리아 출병'이 이것이다.

러시아 국내에서도 혁명을 주도하는 '적군'(赤軍)과 혁명에 저항하는 '백군'(白軍)이 대립하여 내전이 발생하였다. 이 내전은 1917년부터 1922년까지 계속되었다. 제1차 세계대전이 끝난 뒤에도 내전은 몇 년간 더 지속된 것이다. 이 내전으로 말미암아 러시아 인구가 1,000만 명 이상 감소하였고, 부모를 잃은 어린이가 700만 명에 달했다. 농업 생산이 급격히 줄어들어 기아가 극심해지는 등 러시아 국내는 만신창이 되고 말았다. 이 때문에 러시아인들에게는 러시아가 여러 나라로부터 침략당했다고 하는 트라우마가 있는 것이다.

🌐 독·소전(獨蘇戰)의 악몽, 사망자 수가 세계 최고

이러한 트라우마를 결정적으로 만든 것은 뭐니 뭐니 해도 바로 제
2차 세계대전이었다. 나치 독일의 침략으로 야기된 제2차 세계대전
에서의 '독·소전'이다.

히틀러가 독소불가침조약을 일방적으로 파기하고 330만 명의 대
군으로 소련 영토에 침공하였다. 이 때문에 소련은 엄청난 피해를
보게 되었다. 제2차 세계대전에서 일본의 사망자 수는 약 310만 명
이었는데, 소련은 어림잡아 2,700만 명이 사망했다고 한다.

소련은 나폴레옹의 침공보다 훨씬 더 참혹했다는 의미를 담아
독·소전을 '대조국 전쟁'이라고 부른다. 이때 치열한 전쟁터가 된
곳이 현재의 우크라이나와 벨라루스 지역이다. 우크라이나와 벨라
루스는 지정학적으로 러시아와 유럽의 중간 지점에 있으므로 항상
전쟁터가 되는 지역이다.

이처럼 러시아의 눈높이로 보면 러시아는 가해자 의식보다는 피
해자 의식이 훨씬 크다는 것을 알 수 있다. 이렇게 많은 희생자가 나
왔기 때문에 무슨 일이 있더라도 외부의 침략으로부터 자국을 지켜
야 한다는 의식이 러시아인들에게는 강렬하게 남아 있다. 그러나 이
러한 러시아인들의 피해 의식이 주변 국가들에게는 오히려 공포가
되어 악순환이 반복되고 있다.

🌐 키예프 공국(公國)은 우크라이나와 러시아의 기원

여기에서 잠시 역사를 되돌아보기로 하자. 원래 우크라이나라는 나라가 어떻게 러시아와 관련이 있는지 역사를 거슬러 올라가 볼 필요가 있다.

오래전 과거에는 현재의 우크라이나 근처, 즉 유라시아 대륙의 실크로드로부터 조금 북쪽 주변은 유목민족들이 왕래하는 곳이었다. 4세기부터 7세기경, 동슬라브인이 여기에 정주(定住)하고 있었다.

훗날 히틀러가 소련을 공격한 이유는, 아리아인이 열등 민족이라고 생각하는 북방의 슬라브 민족을 노예화하여 동방에서의 정복 전쟁을 전제하고 있었기 때문이라고 한다.

우크라이나는 유라시아 대륙의 중앙에 있어서 여러 민족이 뒤섞여 있는데, 그 가운데 슬라브인이 압도적으로 다수를 차지한다.

우크라이나의 지도를 보면, 영토의 한가운데를 북에서 남으로 드니프로강(러시아어로 드네프로강)이 흐르고 있다. 그 북쪽에는 수도인 키이우가 있으며, 흑해의 건너편은 당시의 비잔틴 제국이었다. 9세기 무렵 키이우는 비잔틴 제국과의 무역으로 번영하였다. 그 당시에는 키예프라고 불리던 지역을 수도로 삼아 지금의 러시아 북서부, 즉 우크라이나와 벨라루스에 걸쳐서 '키예프 루시 공국'이 발전하였다. '러시아'라는 국명은 이 '루시'라는 이름에서 유래한 것이다,

988년, 키예프 루시 공국의 블라디미르 대공(大公)이 기독교를 받아들이고 세례를 받았다. 비잔틴 제국과는 가까웠으므로 정교회(正敎會)였는데, 이것이 러시아 정교회의 시초였다.

우크라이나인에게나 러시아인에게나 '키예프(키이우)'는 성스러운 장소로 여겨진다. 다시 말해 키예프 공국은 우크라이나와 러시아의 기원이며, 발상지인 것이다. 이곳을 외국에 빼앗길 수는 없으므로 푸틴이 우크라이나에 그렇게까지 집착하는 것이다.

🌐 키예프 루시 공국은 몽골 제국에게 멸망했다

12세기 말기 무렵, 우크라이나 지역이 몽골 제국에게 침략당해 키예프 루시 공국은 멸망하였다. '타타르의 멍에'라는 말을 들어본 적이 있는가. '타타르'란 러시아어로 몽골인을 말한다. '멍에'는 가축의 목 뒤에 걸치는 가로대이다. 지금의 우크라이나 지역에 몽골인들이 '킵차크 칸국'이라는 나라를 세우자 키예프 루시 공국은 몽골이 가(枷)[1]를 채운 상태가 되어 국가로서 존립할 수가 없게 되었다.

그후 모스크바가 키예프를 대신하여 번영하기 시작하였다. 이 무렵부터 우크라이나인과 러시아인이 별도의 역사관을 형성하게 된다. 처음에는 키예프가 주도권을 장악하고 있었으나, 몽골이 침략한 후 우크라이나 지역에 살던 사람들 가운데 일부가 북쪽으로 도망가 지금의 모스크바 근처에 다다랐다. 이에 따라 주도권은 모스크바로 옮겨졌는데, 이 모스크바 공국이 오늘의 러시아가 되었다.

키예프 루시 공국은 멸망하였으나 백성들은 훗날 유명한 코사크 (무장한 농민)가 되었다. 코사크라고 하면 러시아에서 생겨난 것으로 생각하는 사람들이 많겠지만 사실은 우크라이나가 발상지이다. 코사크는 군대 공동체로 발전하여 러시아가 변경(邊境)의 정비를 위해 촌락을 형성하였다. 코사크를 구성하고 있는 상당수의 사람은 우크라이나인이며, 우크라이나는 러시아어로 '변경'이라는 의미이다. 한마디 덧붙인다면, '보르시치'는 러시아 요리가 아니고 우크라이나의 요리이며, 유네스코 세계문화유산에 등재되어 있다.

14세기 후반부터는 우크라이나의 서부 지역이 리투아니아·폴란드의 지배하에 놓인 적도 있었다. 15세기에 이르자 세계는 오스만 제국의 시대가 되었는데, 이때 우크라이나의 남부인 크림반도마저 모두 오스만 제국이 지배하게 된다.

🌐 리투아니아·폴란드의 영향 아래에

16세기에는 우크라이나의 대부분 지역이 리투아니아·폴란드의 영향 아래에 놓이게 되었다. 즉, 모스크바 공국의 영향을 받은 곳은 우크라이나의 동부 지역뿐이었고, 지금의 우크라이나 대부분은 리투아니아·폴란드의 영토가 되었다. 우크라이나어(語)를 러시아어의 방언과 같은 언어라고 말하는 사람들도 있지만, 엄격히 말하면 우크라이나어는 폴란드어에 가까운 언어이다.

그후 18세기에는 러시아가 우크라이나에 세력을 뻗치기 시작하였다. 그렇지만 우크라이나의 서부 지역은 러시아 제국에 편입되지 않았다. 그러나 18세기 후반이 되자 에카테리나 2세가 러시아의 영토를 더욱 확장하여 러시아 제국(제정 러시아)의 황금시대를 열었다. 우크라이나의 남부까지 지배하고 있던 오스만 제국을 물리치고 크림반도를 차지하여 제정 러시아에 편입시켰다. 이때부터 크림 반도가 러시아의 영토가 된 것이다. 러시아 제국은 크림반도의 명칭 유래가 된 '크림 칸국'을 보호 아래 두고 흑해로 진출하게 된다,

🌐 1930년대에 발생한 '홀로도모르'로 인해 러시아에 원한

제1차 세계대전이 발발하자 우크라이나에서 독립운동이 일어났다. 19세기 우크라이나 서부의 주민들을 중심으로 자기들의 나라를 세우려는 민족주의가 고조되었다. 마침 그 무렵, 소련 건국의 아버지라고 불리는 레닌이 '우크라이나가 제정 러시아와 싸운다는 것은

적의 적은 같은 편이라는 논리와 같다. 제정 러시아를 타도하기 위해서는 우크라이나의 민족주의를 이용할 필요가 있다'고 생각하여 우크라이나를 국가로 인정하였다.

그러나 우크라이나가 독립한 후 레닌은 생각을 바꿔 '역시 우크라이나는 소련에 속해야 한다'고 주장하며 우크라이나를 소련에 흡수하였다. 최종적으로는 우크라이나의 3분의 2 정도가 소련 영토가 되고, 나머지 3분의 1은 폴란드의 영토가 되었다. 이것이 제1차 세계대전 이후에 일어난 사건이었다.

우크라이나의 고난은 그후로도 계속되었다. 1932년부터 1933년에 걸쳐 '홀로도모르'라고 하는 대기근(大飢饉)이 발생한 것이다. 애초에 레닌이 우크라이나를 소련에 편입시킨 이유는 키이우의 남쪽, 즉 흑해의 북부에 자리 잡은 대곡창지대가 탐이 났기 때문이다. 이곳은 세계적으로도 유명한 소맥(小麥=밀) 생산 지역으로 '유럽의 빵 바구니'라고 불릴 정도이다.

우크라이나의 국기를 자세히 보기로 하자. 위가 파란색, 아래가 노란색인 두 가지 색으로 이루어졌는데, '파란 하늘과 노란 밀밭'을 상징하고 있다. 러시아인이 먹고살기 위해서 우크라이나의 곡창지대를 노린 것이다.

러시아 혁명에 성공한 후 레닌은 토지를 국유화하였고, 레닌의 뒤를 이은 스탈린은 5개년 계획을 시행하여 농업의 집단화를 강행하였다. 스탈린이 우크라이나의 주요 농작물인 밀을 수탈하여 수출하였기 때문에 우크라이나인들은 먹을 것이 없게 되어 적어도 250만 명이 기아로 사망하였다고 한다. 이를 '스탈린 기근'[2]이라고 한다. 이 참사는 오랫동안 소련에 의해서 은폐되었다. 우크라이나인들의 소련에 대한 원한은 이 사건으로 더욱 깊어졌다.

푸틴의 눈높이로 말하면, 우크라이나라는 국가는 어디까지나 제정 러시아와 싸우기 위해서 레닌이 묵인한 나라인데, 결과적으로는 우크라이나에서 민족주의가 일어나고 말았다는 것이다. 그의 이러한 사고방식의 저변에는 '우크라이나는 레닌이 만든 국가'라는 의식이 깔린 것이다.

🌐 소련의 시작은 4개의 공화국에서

여기까지를 일단 정리해 보기로 한다. 제정 러시아가 무너지고, 1922년 레닌이 이끄는 볼셰비키가 내전에서 승리함으로써 소련(소비에트 사회주의 공화국 연방)이 성립되었다.

소련은 처음에는 러시아, 우크라이나, 벨라루스, 자카프카스(코카서스) 등 4개의 공화국으로 시작하였다. 다만 자카프카스는 나중에 그루지아(현재의 조지아), 아르메니아, 아제르바이잔의 셋으로 분열된다.

　당시 소련은 기술적으로나 경제적으로 발전되어 있었고, 공업 생산력도 세계 2위였다. 그후 제2차 세계대전이 발발하여 앞에서 언급한 대로 소련은 독·소전을 치르게 되었다. 독일의 히틀러가 소련의 우크라이나에 침공해 들어오자 우크라이나인 가운데에는 스탈린의 소련으로부터 해방될 것을 목표로 독일에 가담하여 소련과 싸운 사람들도 있었다.

　소련은 4년간의 전쟁으로 약 2,700만 명이 희생되었으나 결과적으로는 나치 독일을 타도하는 데 공헌하였고, 발트 3국을 병합하였다. 이로써 제2차 세계대전 종전 후에는 15개 공화국으로 구성되는 초대국을 건설하였다. 동유럽의 공산주의 국가들도 소련의 세력권에 들어오게 되었다.

　동유럽이 소련에 흡수된 것을 두려워한 서유럽 국가들이 만든 것이 북대서양조약기구(NATO)이다. 서유럽 국가들은 하나하나 들여다보면 작기 때문에 자기들만으로는 소련과 동유럽에 맞설 수 없으므로 영국은 물론, 미국까지 끌어들여서 집단으로 서로 협력하는 군사동맹이다.

🌐 소련의 리더는 소련공산당이었다

소련을 모르는 젊은 세대들을 위해서 이쯤에서 소련에 대해 간단하게 설명한다.

소련은 15개 공화국이 연방을 구성하였다. 이 15개 연방을 통치하고 있었던 것은 '연방정부'라고 불리는 소비에트(회의·평의회의 의미)가 만든 중심 조직이다. 연방정부의 수장은 소련공산당의 '서기장' 또는 '제1 서기'(1952년~1966년까지)이다.

소련이 성립된 1922년부터 붕괴된 1991년까지 레닌→ 스탈린→ 후르시초프→ 레오니드 브레즈네프→ 유리 안드로포프→ 콘스탄틴 체르넨코→ 미하일 고르바초프로 이어졌다. 소련공산당의 수장이 15개 공화국에 명령하는 체제, 이것이 소련이라는 나라의 특징이었다.

연방정부의 소재지는 모스크바의 크렘린 궁전이다. 러시아조차도 연방정부의 명령에 따르지 않으면 안되는 하나의 공화국에 불과하였다. 물론, 러시아는 영토가 광대하여 소련의 중심적 존재이기는 하였다. 이 연방정부가 동유럽의 국가들을 억압하였다.

그러다가 1989년 이른바 동구혁명(東歐革命)이 일어났다. 사회주의는 경쟁이 없으므로 일을 하든 하지 않든 임금은 마찬가지였다. 자동차 업체도 하나밖에 없었다. 군사력에 돈을 지나치게 퍼부었기 때문에 경제가 자꾸만 정체되었다.

소련이 붕괴하는 계기를 만든 사람은 당시의 소련공산당 서기장이었던 고르바초프였다. 고르바초프는 경제가 발전하지 않는 원인은 국민이 소련의 실상을 알지 못하기 때문이라고 생각하였다. 제대로 보도하여 국민이 소련의 실상을 알게 되면 열심히 노력하여 경제를 재건할 것이고, 이를 밑거름으로 소련이라는 나라도 강력해지리라 생각하였다.

이러한 생각을 바탕으로 고르바초프는 페레스트로이카(개혁)를 추진하고, 글라스노스트(개방, 정보 공개)를 통해서 국민에게 소련이 얼마나 지독한 상태에 있는지 알 수 있도록 하였다.

소련 국민은 이때 비로소 자기들이 지금까지 속아왔음을 깨달았고, 일제히 반발하게 되었다. 소련공산당의 권위가 흔들리자 소련의 존립 자체를 우려한 보수파가 쿠데타를 일으켰으나 실패하였고, 결국 소련은 붕괴의 길로 향하게 되었다.

상황이 이렇게 전개되자 지금까지 소련에 강제적으로 편입되어 있던 발트 3국이 우선 독립을 선언하였다. 소련을 구성하는 공화국이 12개국으로 줄어들었고, 1991년 12월, 마침내 소련이 붕괴하게 되었다.

소련이 붕괴함에 따라 1991년 우크라이나는 소련으로부터 독립하였다. 그러나 우크라이나에는 러시아계의 주민들이 상당수 거주하고 있었다. 이들은 비록 러시아와 분리되었지만, 자기들은 원래 러시아인이므로 러시아에 합병되기를 원했다. 특히 러시아와의 국경 지대에는 러시아계 우크라이나인이 많이 살고 있었기 때문에 러시아와의 사이에 여러 가지 알력(軋轢)을 일으키는 원인이 되었다.

🌐 소련이 붕괴했는데 'NATO'가 필요한가?

1989년 12월에 개최된 미국과 소련의 수뇌회담, 즉 몰타회담을 계기로 동서 냉전은 막을 내리게 되었다.

그후 소련은 소련 및 동구 7개국(알비니아, 불가리아, 헝가리, 동독, 폴란드, 루마니아, 체코슬로바키아)이 결성하고 있던 바르샤바조약기구(WTO)를 1991년 7월에 해체하였다. 바르샤바조약기구는 소련판 NATO로서 서독이 NATO에 가입한 1955년에 결성되었다. 즉, 동서 냉전이 격화하고 있던 1949년 미국을 포함한 서유럽 각국이 소련의 군사적 위협에 대항하기 위해 NATO라는 군사동맹을 결성하자 이에 대항하여 소련도 동유럽 각국과 군사동맹을 조인한 것이 바르샤바조약기구였다.

소련은 이렇게 군사동맹이라는 무기를 포기하였다. 당시 소련의 최고지도자였던 고르바초프는 바르샤바조약기구와 대치하고 있던

NATO도 당연히 불필요할 것으로 판단하고 이를 해체할 것을 제안하였다는 소문도 있다.

러시아와 미국 사이에 'NATO를 단 1인치라도 동쪽으로 확대하지 않는다'고 약속했다고 하는데, 그 사실 여부를 두고 논쟁이 벌어졌다. 공식적인 기록도 없고, 조인된 문서도 없기 때문이다. 그러나 당시의 조지 H.W. 부시(아버지) 정부의 제임스 베이커 국무장관이 고르바초프 서기장에게 약속했다고 러시아는 인식하고 있다. 적어도 푸틴은 당시의 약속이 휴짓조각이 되었다고 생각하고 있는 것 같다.

NATO를 확대하지 않겠다고 약속했음에도 불구하고, 구소련의 발트 3국(에스토니아, 라트비아, 리투아니아)과 동유럽의 여러 나라가 NATO에 가입하였다. 여기에는 과거 바르샤바조약기구의 가맹국들도 포함되어 있다. 냉전 종결 직후에는 16개국이었던 NATO 가맹국이 지금은 30개국으로 확대되었다.

소련은 냉전 시대에는 사회주의 체제였으나 러시아가 된 후에는 자본주의 체제로 이행하였다. 그때 서방측 주도로 시장경제를 도입하였으나 급격한 개혁으로 국내의 경제는 대혼란에 빠졌다. 국제통화기금(IMF)의 지도하에 급속도로 민영화를 추진한 결과, 초인플레이션 현상이 나타나고 빈부 격차가 확대되는 등 경제 상황이 수렁에 빠지게 되었다.

러시아로서는 자국 경제가 엉망인 데다 외교마저 서방측의 술수에 빠진 피해자라고 생각하고 있다. 이러한 상황에서 형제 국가라고 여기고 있던 우크라이나까지 NATO에 가입하는 것은 절대로 용인할 수 없다고 생각한 것이다.

　NATO에 가맹할 수 있는 나라는 군대를 보유하고 있고, 집단적 자위권을 행사할 수 있는 나라이다. 군대가 없으면 함께 싸울 수 없으므로 가입할 수가 없다. 우크라이나는 군대를 보유하고 있으므로 NATO에 가입할 수가 있다. NATO는 개방된 국제 조약이고 어느 나라도 가입할 수 있으므로 푸틴은 러시아가 막다른 골목으로 몰렸다고 생각하는 것이다.

🌐 핀란드는 왜 NATO에 가입하지 않았나

　소련 붕괴 후 동유럽 여러 나라가 차례차례 NATO에 가입하는 가운데, 러시아와 기나긴 국경을 맞대고 있는 북유럽의 핀란드는 NATO에 가입하지 않았다. 스웨덴도 NATO 미가맹국이었다. 평화 국가로서 분쟁국에는 무기를 수출하지 않는다는 것을 국시로 삼아 전통적으로 중립을 지켜 왔기 때문이다. 그러나 러시아의 우크라이나 침공에 맞서 우크라이나 지원을 분명히 하고 무기 공여 방침도 표명하였다.

러시아와 국경을 맞대고 있는 이 두 나라가 왜 NATO에 가입하지 않은 것일까. 핀란드는 제2차 세계대전 중 소련의 침략을 받아 전쟁을 치른 역사가 있다. '겨울 전쟁'이라고 한다. 핀란드는 소련에 카렐리아 지방을 빼앗겼다. 소련은 핀란드와의 국경 지대인 카렐리아 지방을 완충지대로 삼고 싶었기 때문이었다.

그후 핀란드는 러시아를 자극하지 않기 위하여 NATO에 가입하지 않는 선택을 한 것이다. 핀란드는 NATO에 가입하지 않기 때문에 러시아에 위협이 되지 않는다는 입장을 취함으로써 안전보장 정책을 지속해 온 것이다. 스웨덴도 핀란드와 같은 노선을 택하였다.

그런데 핀란드의 산나 마린 총리는 2022년 1월, 'NATO에 가입하는 선택지를 보유하고 있다'고 발언하였다. 이 발언은 2021년 12월, 러시아의 외무성 보도관이 '핀란드와 스웨덴이 NATO에 가맹하는 경우에는 군사적, 정치적으로 심각한 결과를 초래하며, 러시아로서는 적절한 대응이 요구된다'고 언급한 데 대해 반발하는 형태로 나온 것이었다. 요컨대 러시아가 핀란드에 NATO에 가입하지 말라고 협박한 것이다. 2주일 후 마린 총리는 '나의 임기 중에는 NATO 가입을 신청할 공산이 작다'라고 말을 바꿔 러시아를 진정시키는 대응을 하였다. 그러나 태도를 바꾸어 2022년 5월 15일, 핀린드는 NATO에 가맹을 신청할 것이라고 표명하였다. 이에 스웨덴도 가맹 신청으로 방침을 정하였다.

🌐 다음은 발트 3국? 러시아를 두려워하는 나라들

발트 3국의 남쪽과 폴란드의 북쪽 사이에 러시아의 영토이면서 러시아의 본토와는 멀리 떨어져 있는 '칼리닌그라드'라는 곳이 있다. 이곳은 1946년까지는 쾨니히스베르크라는 독일 영토였다.

제2차 세계대전 당시 독일군이 벨라루스부터 우크라이나, 그리고 지금의 러시아의 상트페테르부르크(당시에는 레닌그라드)까지 침공하였는데, 최종적으로는 소련군이 독일군을 몰아내고 점령한 지역이다.

당시 소련의 공식 국가수반(국가원수)이었던 칼리닌의 이름을 따서 칼리닌그라드라고 명명하고 소련 시대에 러시아 공화국의 직할지로 삼았다. 소련의 붕괴를 전후하여 발트 3국이 독립하였기 때문에 지금의 러시아의 본토에서 떨어진 역외 영토로 남게 되었다.

칼리닌그라드는 발트해에 맞닿아 있어서 러시아로서는 절대로 손에서 놓고 싶지 않은 지역이다. 만약에 육지로 연결된다면 러시아에는 편리한 곳이다. 따라서 이 지역과 국경을 맞대고 있는 리투아니아가 두려움을 느끼고 있다.

리투아니아에는 러시아계 주민들이 5% 정도 거주하고 있다. 그 때문에 언제라도 러시아계 주민을 보호한다는 구실로 군사행동을 일으킬 가능성이 있음을 부인할 수 없다. 이처럼 발트 3국은 항상 러시아의 위협에 어깨를 마주하고 있는 형국이다.

리투아니아에서는 러시아의 우크라이나 침공 후, 발트 3국이 러시아의 침공을 받을지도 모른다고 패닉에 빠진 사람들도 있다고 한다. 그러나 리투아니아는 NATO 가맹국이기 때문에 러시아가 침공한다면 그것은 NATO 전체에 대한 전쟁을 의미하는 것이다.

🌐 우크라이나 침공 전에 러시아가 승인한 2개의 '국가'

지금까지 기나긴 역사를 돌이켜 보았는데, 이제는 2022년의 상황을 언급하기로 한다. 러시아의 푸틴 대통령이 각국 정부의 제지를 뿌리치고 우크라이나에 미사일 공격을 개시한 것은 2022년 2월 24일이었다.

이때 푸틴은 '우크라이나 정부에 의해서 8년간에 걸쳐 학대받고, 집단 학살까지 당한 사람들을 보호하는 것이 목적'이라고 주장하였다. 그런데 8년간에 걸쳐 학대받고, 집단 학살까지 당한 사람들은 과연 누구인가? 8년 전 러시아의 크림반도 병합과 거의 같은 시기, 우크라이나 동부의 돈바스 지방에서 무장봉기한 러시아계 주민이 2개의 '국가'를 수립했다고 선언하였다. '도네츠크 인민공화국'과 '루간스크 인민공화국'이 그것이다.

러시아를 등에 업은 친러시아파 세력이 우크라이나로부터 독립하겠다고 주장하며 어설프게 세운 자칭(自稱) 국가이다. 독립을 선언했다 해도 어떤 나라도 이를 승인하지 않았고, 러시아조차도 인정하지 않았다.

이들은 러시아로 편입되기를 원하면서 우크라이나와 내전 상태에 돌입했는데, 우크라이나는 러시아군의 지원을 받는 이들 무장 세력에게 대항할 힘이 부족하여 '민스크 합의'를 체결하였다. 민스크 합의란 2015년 2월, 벨라루스의 수도 민스크에서 체결된 평화 합의로 러시아, 우크라이나, 독일, 프랑스가 매듭지은 것이다. 사태가 악화하는 것을 막기 위해 당시 독일의 앙겔라 메르켈 총리가 민스크 합의를 적극적으로 주도하였다. 내용은 도네츠크와 루간스크에 강력한 자치를 허용하면 러시아 세력은 물러난다는 것이었다.

그러나 일단 정전 협정이 성립되기는 하였지만, 전투는 간헐적으로 계속되었다. 다시 말해 2014년부터 8년간 러시아와 우크라이나는 줄곧 전쟁을 하고 있었다. 러시아는 크림반도를 병합하였으나, 크림반도가 우크라이나의 남쪽 끝에 있어서 러시아에서 보면 따로 떨어져 있는 곳이다. 그래서 크림반도와 러시아를 잇는 긴 다리를 건설하여 급한 대로 교통로를 확보하였다. 만약 우크라이나의 동부 지역을 러시아가 차지한다면 크림반도와 육지로 연결되기 때문에 더욱 자유롭게 왕래할 수 있게 될 것이다.

우크라이나의 젤렌스키 대통령은 크림반도가 우크라이나의 영토라고 주장하며 이를 되찾기 위하여 2021년 10월 처음으로 드론을 사용하여 동부 지방의 러시아계 무장 세력을 공격하였다. 이에 대하여 러시아의 푸틴 대통령은 2022년 2월 21일, 우크라이나 동부의 두 지역, 즉 '루간스크 인민공화국'과 '도네츠크 인민공화국'의 '독립을 승인'한다고 발표하였다. 러시아가 우크라이나를 침공하기 3일 전의 일이다.

러시아는 먼저 UN 헌장이 인정하는 '집단적 자위권'을 행사할 수 있는 실질적인 '안전보장조약'을 이들 두 '국가'와 체결하고, 이들 두 지역의 주민 약 50만~60만 명에게 러시아의 국적을 인정했다.

푸틴으로서는 러시아 국민이 '우크라이나의 공격을 받아 러시아의 도움을 요청하는 것'이므로 러시아군을 '평화유지 부대'로 파견한 것이라는 명분을 내세운 것이다. 자국민을 돕는 것은 러시아의 책무라는 논리인 셈이다.

🌐 과거에는 '남오세티야'도 '아부하지아'도

이러한 형태로 러시아의 주변 국가 중에서 친러시아파 세력이 독자적인 '국가'를 선언한 사례는 지금까지 3건이나 있었다.

첫째는 조지아 국내에 있는 '남오세티야'이다. 일본에서는 흑해 연안에 있는 조지아를 러시아어에서 유래된 '그루지아'라고 불렀었는데, 조지아는 러시아어로 불리는 것이 싫으니까 영어로 불러 달라고 일본에 요청한 적이 있었다.

그 조지아 영토 내에 과거 소련 시대에 '남오세티야 자치 관구'(管區)가 있었다. 1991년, 소련이 붕괴하여 조지아가 독립하자 이들도 조지아로부터 독립을 선언하고 '남오세티야 공화국'이라고 자칭하였다. 이곳은 오세트인이라고 불리는 소수 민족이 거주하고 있다. 소련 건국 후 스탈린은 오세트인이 저항하거나 단결하여 '독립하겠다'는 말을 꺼내지 못하도록 이 민족을 러시아 국내의 '북오세티야'와 조지아 국내의 '남오세티야'로 분할하였다.

소련이 존재하고 있었을 때는 남북으로 갈라져 있던 오세트인들이 자유롭게 왕래할 수 있었으므로 별다른 문제가 없었지만, 소련이 붕괴하고 조지아가 독립하자 남오세티야의 주민들이 북오세티야와 분단되는 것을 두려워하게 되었다.

한편, 조지아 국내에는 또 하나 '아부하지아 자치공화국'이 존재하고 있었다. 이곳도 소수 민족 지역이다. 아부하지아인이 살고 있으므로 아부하지아 자치공화국이라고 하였다.

소련이 붕괴하고 조지아가 독립할 때 이들도 남오세티야와 마찬가지로 독립을 선언하였다. 여기에서도 러시아는 아부하지아 사람들에게 러시아의 국적을 인정하고 '자국민 보호'를 구실로 아부하지아 자치공화국으로 군대를 파견하였다. 러시아의 상투수단(常套手段)이었다.

남오세티야와 아부하지아 두 지역은 스탈린이 제멋대로 선을 긋는 바람에 농락당하고 만 것이다. 스탈린이 남긴 부(負)의 유산이라고 할 수 있을 것이다.

세 번째가 우크라이나의 남서부에 위치하는 몰도바이다. 그 가운데 우크라이나와 국경을 접하는 장소에 '트란스니스트리아 공화국'[3]이 있다. 몰도바의 민족 구성은 몰도바인이 대부분이며, 우크라이나인과 러시아인도 섞여 있다. 소련을 구성하는 15개 공화국의 하나로 '몰다비아 공화국'이었으나 소련이 붕괴하기 직전에 국명을 몰도바로 변경하고 독립하였다. 그런데 여기에서도 러시아계 주민이 '트란스니스트리아 공화국'이라고 칭하며 분리 독립을 선언하였다. 몰도바 정부군과의 사이에 분쟁이 발생하자 러시아군이 개입하여 그대로 주둔하고 있다.

이리하여 러시아가 승인하여 탄생한 자칭 '국가'는 완충지대로서 러시아를 지키는 세력의 공동체라고 할 수 있을 것이다.

'민스크 합의'는 우크라이나에 불리했다

우크라이나는 러시아에서 떨어지고 싶었다. 우크라이나의 페트로 포로셴코 전 대통령은 친 유럽파였기 때문에 EU와 깊은 관계를 맺었고, 2019년에는 EU 가입과 NATO 가맹 노선을 우크라이나 헌법에 명기하는 헌법 개정안을 가결하였다.

현재의 젤렌스키 대통령은 2019년에 포로셴코를 물리치고 대통령에 당선되었는데, 젤렌스키는 처음에는 러시아와의 사이에 평화 교섭의 재개를 목표로 하였다.

민스크 합의는 단순한 정전 협정이 아니었다. '우크라이나 정부가 헌법을 개정하여 돈바스 지역의 일부에 강력한 자치권을 인정한다'는 정치적 결정도 포함되어 있었다.

우크라이나로서는 국가가 분열 상태로 굳어지는 합의는 받아들일 수 없었다. 국내에서는 나라를 팔아버리는 것이라는 반발도 나오는 등, 젤렌스키 대통령은 험난한 국가 운영에 쫓기게 되었다. 젤렌스키 대통령은 민스크 합의의 수정을 요구하였으나. 러시아가 이를 거부하였다. 이에 대해 젤렌스키는 2021년 1월 1일 '우리는 영토를 양도하지 않겠다', '민스크 합의를 이행하지 않겠다'고 선언하였다. 러시아는 2021년 10월 이후 또다시 군사적 압력을 가하였고, 마침내 2022년 2월 우크라이나를 침공하였다.

러시아로서는 조기에 전쟁을 끝마치려고 작정하고 있었을 것이다. 아마도 베이징 동계올림픽 종료 후 패럴림픽이 개회되기 전에 끝낼 생각을 하고 있지 않았을까 하는 생각이 든다. 그러나 러시아군은 예상 밖으로 고전하게 된다.

2014년, 러시아가 크림반도를 점령하였을 당시의 우크라이나군은 허약하였다. 병력도 5만 명밖에 되지 않았고, '러시아를 당해낼 수가 없다'는 패배감에 휩싸여 일찌감치 항복하고 말았다. 우크라이나 해군 기지의 사령관도 비밀리에 러시아에 가담하였다.

그러나 우크라이나는 그후 8년에 걸쳐 병력을 20만 명으로 증강하였고, 우크라이나 동부 지역에서는 친러시아파 세력과 격렬하게 전쟁을 해 왔다. 이때 쌍방에서 1만4천 명의 전사자가 발생하였다.

지금 우크라이나군은 2014년에 수많은 동료가 러시아에 살해당한 때와는 달라졌다. 퇴역한 예비군도 90만 명에 달하며 전의(戰意)도 상당히 높아졌다. NATO 가맹국들과 미국으로부터 많은 무기도 받고 있다. 특히 미국은 포로셴코 전 대통령 때부터 우크라이나에 군사 원조를 시작하였으나, 바이든이 대통령이 되자 더욱더 군사 원조를 확대하였다. 또 군사용 드론 개발 기술이 발달하여 있는 튀르키예로부터 드론 병기도 구입하였다.

전력 면에서 크게 앞선 러시아군이 이렇게까지 고전할 줄은 푸틴 자신도 예상하지 못했을 것이다. 내버려 두면 우크라이나군은 미국에 의해서 군사력이 강화될 것이다. 이것도 푸틴을 초조하게 하는 것임이 틀림없다.

🌐 푸틴의 '성전' (聖戰)을 후원하는 러시아 정교회의 지도부

러시아의 우크라이나 침공을 '푸틴의 폭주' 또는 '푸틴의 전쟁'이라고들 하지만, 푸틴 대통령을 후원하는 인물이 있다. 2009년에 러시아 정교회의 수장으로 취임한 키릴 총대주교이다. 여기에서 '러시아 정교회'에 대해서 간단히 설명한다.

기독교의 교파는 크게 3개의 그룹으로 나눌 수 있다. 가톨릭, 가톨릭에서 분리된 프로테스탄트 그리고 동방 정교회가 그것이다. 서방 교회가 가톨릭이다.

4세기, 기독교는 로마 제국의 국교가 되었지만, 395년에 로마 제국이 동서로 분열되었다. 이윽고 동서의 교회에서도 조금씩 다른 생각이 싹트게 되었고, 마침내 1054년에는 기독교의 교회도 동서로 분열되었다. 로마를 중심으로 하는 '서방 교회'와 콘스탄티노플을 중심으로 하는 '동방 교회'가 그것이다.

이 두 교회의 차이점은 무엇일까. 가톨릭의 경우는 로마 교황을 정점으로 하여 전 세계의 가톨릭교회가 로마 교황을 따르는 피라미드형 교회 조직을 취하고 있으나, 정교회는 '1국가 1교회'가 원칙이다. 그리스 정교회로부터 점차 북으로 퍼지면서, 우크라이나에 설립하면 우크라이나 정교회, 러시아에 설립하면 러시아 정교회, 세르비아에서는 세르비아 정교회 그리고 조지아에서는 조지아 정교회라고 하는 등, 각각이 독립된 정교회가 된다.

그런데 우크라이나 정교회는 줄곧 모스크바를 거점으로 하는 러시아 정교회의 관할 하에 있었다. 이러한 역사가 있으므로 푸틴 대통령으로서는 우크라이나는 어디까지나 러시아 일부라는 의식이 강한 것이다.

1991년 소련이 붕괴하자 우크라이나 정교회의 신자들 사이에서 러시아 정교회로부터 독립을 요구하는 목소리가 높아졌다. 물론 러시아 정교회는 반대하였고, 이 때문에 우크라이나가 독립한 후에도 우크라이나 정교회는 한동안 러시아 정교회의 산하에 그대로 머물렀다.

그러나 러시아가 크림반도를 점령하자 독립의 움직임이 가속화되었고, 마침내 2018년 동방 정교회에서 권위 있는 콘스탄티노플 총주교청(總主教廳)은 우크라이나 정교회의 독립을 인정하고, 독립을 반대하고 있던 러시아 정교회와 결별하게 되었다.

한편, 러시아 정교회의 관리하에 그대로 머문 교회도 있었다. 게다기 우크라이나의 서부에는 폴란드의 영향을 받은 가톨릭 신자들도 있었다. 따라서 우크라이나는 종교적으로 서부 지역은 가톨릭, 동부 지역은 러시아 정교회의 산하에 들어 있는 우크라이나 정교회 그리고 독립을 이룬 우크라이나 정교회 등 복잡한 구도를 형성하고 있다.

동방 정교회는 '1국가 1교회'가 원칙이므로 우크라이나 정교회의 독립을 인정한다는 것은 우크라이나를 하나의 국가로 인정한다는 뜻이다. 푸틴 대통령과 공통의 가치관을 따르고 있다고 알려진 러시아 정교회의 키릴 총대주교로서도 우크라이나 정교회의 독립은 용인할 수 없는 것이었다. 다시 말해 표면적으로는 별로 드러나 있지는 않지만, 이것은 일종의 종교전쟁 양상도 띠고 있다.

푸틴 대통령은 러시아가 크림반도를 병합한 지 8년이 지난 2022년 3월 18일에 대집회를 열고 '친구를 위해서 자기의 목숨을 던지는 것, 이 이상 더 큰 사랑은 없다'고 연설하였다. 이것은 신약성서 '요한복음서'의 한 구절이다. 푸틴 대통령에게 있어 러시아군이 우크라이나를 러시아의 산하로 들어오게 하는 것은 일종의 '성전'이기도 한 것이다.

🌐 벨라루스는 러시아의 '종속국'?

우크라이나가 EU에 들어가고 싶어 하는 데 반하여, 구소련의 같은 구성국이었던 벨라루스는 우크라이나와는 다르다. 러시아가 우크라이나를 침공하기 직전까지 러시아와 함께 우크라이나의 국경 부근에서 합동 군사훈련을 했다.

러시아가 우크라이나를 침공하기 직전, 뉴스에서 거명되던 벨라루스는 과연 어떤 나라인지 알아볼 필요가 있다. 벨라루스의 '벨라'는 '희다'(白)는 의미이다. 제1차 세계대전 이전에는 러시아 제국의 일부로서 '백러시아'라고 불리었는데, 1918년에 독립하여 일단 '벨라루스 인민공화국'이 되었다. 나중에는 소련을 구성하는 하나의 공화국이 되었다가 1991년 소련 붕괴와 함께 정식으로 독립하였다. 이 나라는 알렉산드르 루카셴코 대통령이 1994년부터 현재까지 30년 가까이 통치하고 있다. 2020년 8월 대통령 선거가 실시되어 6선에 성공하였으나, 선거 부정이 폭로되어 격분한 국민이 대규모적인 반정부운동을 펼치기도 하였다.

루카셴코가 반정부파를 철저하게 탄압하였기 때문에 서방 각국으로부터 '유럽 최후의 독재자'라는 평을 받고 있다. 특히 그가 '러시아'에 강한 야심을 품고 있음이 밝혀진 것은 1999년이었다. 당시 옐친 러시아 대통령과의 사이에 '벨라루스·러시아 연합국가 창설조약'에 조인하였는데, 이때 루카셴코는 연합국가의 의장으로서 러시아에 군림하려는 야심을 노골적으로 드러내었다. 다시 말해 러시아와 벨라루스보다 상위의 연합국가를 만들어 루카셴코 자신이 최고지도자의 자리를 차지하려고 한 것이었다.

그러나 옐친의 후임으로 러시아의 대통령이 된 푸틴이 벨라루스를 러시아에 병합하려고 했기 때문에 루카셴코가 이에 맹렬하게 반발하였고, 조약은 보류되었다. 그후 루카셴코는 러시아로부터 그리고 푸틴으로부터 점점 멀어져 갔다. 하지만 2020년의 선거 부정에 대한 반정부운동이 격렬하게 불타오르자 태도를 바꾸어 푸틴에게 도움을 요청하였다. 이에 대해 푸틴이 도움의 손길을 뻗치자 자기의 체제를 유지하기 위해서 러시아에 협력하게 되었다. 지금은 완전히 러시아 제국의 부활을 원하는 '전쟁의 공범자'가 되고 말았다.

🌐 난민을 '무기'로 사용하는 벨라루스

물론 벨라루스는 EU와도 험악한 관계이다.

2021년 가을, 중동으로부터 많은 난민이 벨라루스로 입국하여 폴란드 국경으로 쇄도하였다. 이에 폴란드 정부는 국경을 폐쇄할 수밖에 없는 사태가 되었는데, 이것은 EU에 대한 루카셴코의 심술이었다.

　EU는 루카셴코 대통령이 야당 세력을 힘으로 탄압한 것에 대하여 벨라루스에 경제 제재를 하였다. 이에 대해 루카셴코가 '경제 제재를 하면 난민을 들여보내겠다'라고 하면서 난민을 무기로 사용한 것이었다.

　벨라루스의 국영 여행사가 싼 가격에 자유로이 벨라루스에 입국할 수 있는 관광 상품을 기획하였다. 벨라루스 정부는 이라크, 시리아, 아프가니스탄 등지에서 밀려오는 난민들에게 간단히 비자를 발급해 주었다. 일단 벨라루스에 들어오면 폴란드를 거쳐 독일에 입국할 수 있다.

　보통 관광 상품은 왕복이지만, 이때 기획한 관광 상품은 편도였다. 다시 말해 독일에 가서 일자리를 구하려는 중동의 난민들을 불러들였다가 EU로 들여보내려는 속셈이었다.

　이러한 사태에 폴란드 정부는 당황하였다. 난민조약에 따르면 자국으로 들어온 난민이 난민으로 정식 인정되면 영주권을 허용해야만 한다. 그런데 난민들이 벨라루스를 거쳐 폴란드로 쇄도해 들어오자 입장이 곤란해진 폴란드 정부는 국경경비대를 증강하여 폴란드로 입국하려는 난민들을 저지하고 벨라루스로 되돌려 보냈다.

　폴란드 정부의 이러한 조치는 엄밀하게 판단하면 난민조약 위반이지만, 다른 나라들도 폴란드의 처지를 이해하고 폴란드의 행동을 못 본 체하였다. 이러한 사태의 배경에는 러시아가 뒤에서 벨라루스를 지원하고 있다는 구도가 보인다.

그러고 보면, 2021년 도쿄(東京) 하계올림픽에 참가하였던 벨라루스의 국가대표 선수가 귀국을 거부하고 폴란드에 망명하였다. 여자 육상의 크리스티나 치마누스카야 선수이다. 이외에도 이미 상당수의 벨라루스 국민이 폴란드로 망명하였다.

🌐 NATO에 가맹하지 않았기에 '경제 제재' 밖에 없다

미국과 서유럽 국가들은 우크라이나의 평화를 지키기 위하여 어떻게든 해주고 싶은 생각은 있지만, 우크라이나는 NATO의 가맹국이 아니므로 군사 개입을 할 수는 없다. 미국을 포함한 NATO 가맹국은 우크라이나에게 무기를 제공해 주고는 있지만, 그 외에 할 수 있는 것은 경제 제재밖에 없다.

러시아가 크림반도를 병합할 때부터 경제 제재는 시행하였으나, 이번에는 국제사회가 연대하여 강력한 경제 제재를 통하여 러시아가 더 전쟁을 계속할 자금이 없는 상태로 몰아가려는 것이다.

이미 러시아의 특정 은행을 SWIFT(국제 은행 간 통신협회)가 운영하는 세계 최대의 국제 송금 네트워크로부터 배제하는 조치가 이루어

우크라이나를 지키기 위해서는?

NATO
(북대서양조약기구)

우크라이나는
NATO 가맹국이 아니므로

군사 개입은 할 수 없다

러시아

군사 침공

우크라이나

할 수 있는 것은
경제 제재

러시아를
SWIFT로부터
배제

SWIFT
(국제 은행간 통신협회가
운영하는 세계 최대의
국제 송금 네트워크)

러시아는
수출을 하더라도
대금(代金)을
받을 수 없다

지고 있다. SWIFT란 200개 이상의 국가 및 지역의 11,000개 이상의 회사가 이용하는 조직으로 물론 일본의 금융기관도 가입해 있다.

예를 들어, 우리들이 일본 국내에서 자기의 은행 계좌에 '약정 금액을 입금'하면 즉시 상대방의 계좌로 이체된다. 이것은 일본은행이 당좌예금을 사용하여 결제하는 시스템인데, SWIFT는 이것의 국제판이라고 생각하면 이해하기 쉬울 것이다. 서유럽의 각국이 러시아로부터 천연가스를 수입하는 경우, SWIFT를 통하여 달러로 대금을 지급한다.

이러한 금융 시스템으로부터 배제되면 러시아의 화폐인 루블화를 달러로 바꿀 수 없게 되어 대금의 지급과 수령을 할 수 없게 된다. 다시 말해 수입하려는 나라도 곤란해지지만, 수출할 수 없게 되는 러시아는 경제적으로 크나큰 타격을 입게 되는 것이다.

2012년에 미국과 서유럽이 이란에 대해서 실시한 경제 제재에서는, 이란이 SWIFT에서 제외되었기 때문에 석유 수출에 의한 수입이 대폭 감소하였다. 이러한 방법으로 유럽도 타격을 받을 각오로 러시아에 큰 손해를 입히려는 것이다.

그러나 러시아가 이러한 상황에서 빠져나갈 방법도 있었다고 한다. 중국이 존재하기 때문이다. 중국은 러시아로부터 자원을 수입할 때 직접 자국 화폐인 위안화로 지불한다. 러시아는 그 위안화로 여러 가지 물자를 구매할 수 있게 된다.

러시아가 세계 시장에서 배제되고 있는 가운데, 중국이 도움의 손길을 뻗치고 있다는 견해도 있다. 위안화가 구세주가 되면 러시아는 전쟁비용을 중국으로부터 조달할 수 있게 된다. 위안화의 국제화를 추진하고 있는 중국으로서는 달러 대신 위안화를 '세계의 화폐'로 삼을 기회가 될 수 있을 것이다.

🌐 '신호기 연립', '자메이카 연립'은 무엇인가?

동서 냉전 종식 후 줄곧 이어져 오던 유럽의 안전 질서가 위협을 받고 있다. 유럽에는 러시아로부터 조달하는 에너지 문제 때문에 러시아에 강경한 태도를 보일 수 없다는 배경이 있지만, 상대적으로 미국의 힘이 저하되고 있는 지금, 유럽은 미국과 더욱 강력하게 결속할 필요가 있다.

유럽의 리더 국가는 독일이다. 독일은 과거의 전쟁에 대한 반성으로 지금까지 군사 지원에는 소극적이었다. 나치의 기억이 있기 때문이다. 처음에는 우크라이나에 헬멧 5천 개를 제공하겠다고 표명하였다가, 각국의 빈축을 사게 되자 무기 제공을 결단하였다.

더구나 올라프 숄츠 독일 총리는 2022년 2월 27일, 국방비를 매년 GDP의 2% 이상으로 상향한다는 방침을 분명히 하였다. 푸틴의 우크라이나 침공을 계기로 극적으로 정책을 전환한 것이다.

독일에서는 메르켈 총리가 16년간 역임한 총리직에서 2021년 12월 8일 퇴임하였다. 이에 따라 독일에서 새로운 정권이 발족하였다. 단독으로 정권을 수립할 정당이 없었기 때문에 연립정권으로 출범하였다. 연립 교섭에 적지 않은 시간이 걸렸는데, 이는 합의 가능 여부를 수개월 동안 확인하였기 때문이다. 일본처럼 쉽사리 타협하지 못했다.

2021년 9월 말에 실시된 독일 연방의회 선거에서는 메르켈이 이끄는 기독교민주/사회동맹(CDU/CSU)이 제2당으로 전락하고, 같은 연립 여당이었던 사회민주당(SPD)이 제1당으로 약진하였다.

새 정권은 3당이 연립 협정에 조인하여 성립되었다. 독일에서는 정당의 상징 컬러에 따라 연립의 호칭이 달라지는데, 이번의 3당 연립은 사회민주당(적색), 녹색당(녹색), 자유민주당(황색)의 3색이므로 '신호기 연립'이라 불린다.

각각 어떤 당인지 간단히 설명하면, 녹색당은 환경 중시, 자민당은 환경보다는 경제 중시이기 때문에 이들 양당이 간단히 협조하기가 어렵다. 그래서 사회민주당이 그 사이에 끼어서 조정 역할을 하는 것이다.

덧붙이면, 메르켈의 정당인 기독교민주당/사회동맹의 상징 컬러는 흑색이다. 메르켈 총리의 네 번째 연립은 황색, 녹색, 흑색이었

기 때문에 자메이카의 국기의 색깔과 같았으므로 '자메이카 연립'
이라고 불렸다.

메르켈 정권 4기째인 자메이카 연립 때에는 100만 명에 이르는
난민 수용을 둘러싸고 옥신각신 분쟁이 일어나 독일 국내에서는 메
르켈 총리의 인기가 별로 없었다. 전 세계로부터는 메르켈이 높은
평가를 받았다. 장기 집권한 메르켈 정권을 어떻게 볼 것인가는 독
자 여러분들의 판단에 맡기겠다.

🌐 유럽의 '배짱 큰 여장부' 메르켈의 은퇴 이후

프랑스의 여성 저널리스트인 마리옹 반 렌테르겜이 『앙겔라 메
르켈 - 동독의 물리학자가 유럽의 어머니가 되기까지』라는 평전을
내었는데, 이 책에서 메르켈을 '유럽의 어머니'라고 절찬하였다.'

메르켈은 강력한 지도력으로 EU의 '중요 인물'이 되고 EU의 앵
커(닻) 역할을 하였다고 생각한다. 영국이 EU로부터 탈퇴한다고 하
고, 다른 가맹국들도 이에 추종하려는 움직임이 있었을 때 프랑스의
마크롱 대통령과 함께 만류하였다.

메르켈은 물론, 마크롱 대통령도 'EU가 있으므로 프랑스도 존재
한다'고 생각하였다. 이러한 EU 지상주의에 대해서 프랑스 국내에

서는 반발의 목소리도 있었다.

놀라운 것은 마크롱의 대통령 재선이 확정되었을 때, 축하의 식장에서 프랑스 공화국 국가인 '라 마르세예즈'가 아니라 베토벤의 '환희의 송가'가 연주되었다. '환희의 송가'는 독일의 노래이며, 유럽연합 찬가이다. 루브르 박물관 앞에서 이 곡이 흘러나온 것이다.

마크롱으로서는 독일의 메르켈이 난민을 쾌히 받아들인 것에 내심 안심한 것이다. 메르켈이 항상 약자의 편에 선 것은 그녀의 부친이 목사였던 것이 크게 작용했는지도 모른다.

한 마디 덧붙인다면, 영국에는 '다양성을 인정한다'라는 말이 있지만, 이 말이 반드시 '훌륭한 영국인이 되기를 바란다'는 의미는 아니다. 따라서 영국 사회에는 인도인의 커뮤니티, 파키스탄인의 커뮤니티 등이 따로따로 존재한다.

이에 반해 프랑스나 독일은 이민자들에게 철저하게 자국의 언어를 가르치며, 훌륭한 프랑스인, 훌륭한 독일인이 되기를 바라는 동화(同化) 정책을 취하며 지원도 해주고 있다. 이 점이 영국과 다르다.

메르켈은 구서독에서 태어났지만, 생후 몇 주 후에 목사였던 부친이 임지(臨地)인 동독으로 옮겼기 때문에 그곳에서 자랐다. 동독에서 필수 과목인 러시아어를 배워 유창했기 때문에 푸틴과 신뢰 관계를 형성하였고, 동유럽과의 관계 강화에 진력하였다. 러시아와의 관계가 양호한 편이 유럽에는 메리트가 크리라 생각했다.

그러나 이 때문에 우크라이나 침공이라는 푸틴의 폭력적 행동에 직면한 유럽 각국은 메르켈이 푸틴에게 '물러터진 태도'를 취한 것이 화를 자초했다고 생각하게 되었는데, 이때부터 메르켈에 대한 평가가 하락하기 시작하였다.

미주

1) 봉건 시대에 쓰이던 형틀의 한 종류로 죄인의 목에 씌우는 나무칼.

2) 홀로도모르는 우크라이나어로 아사(餓死)라는 뜻이다.

3) 정식 명칭은 '트란스니스트라아 몰도바 공화국'이며, 몰도바는 국제사회에서 승인을 받지 못했다.

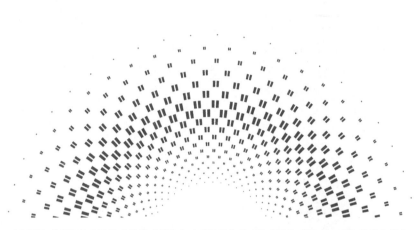

'정의'를 내세우며 타국의 정치에 개입하여 자기들에게 유리한 정권을 세운다는 것은 한계가 있다.
'아프가니스탄에 민주주의를 뿌리내리겠다'라는 발상 자체가 미국의 오만이었던 것은 아닐까.

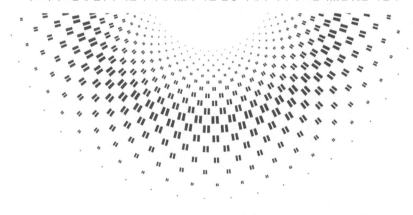

제 **3** 장

미·중·러의 국익이 교차하는 유라시아

🌐 카자흐스탄에서 소요사태, 여기에도 러시아의 평화유지군?

2022년에 들어서서 곧 중앙아시아의 카자흐스탄에서 연달아 소요사태가 일어났다. 자동차의 연료로 사용하는 액화석유가스(LPG)의 가격이 폭등하여 이에 항의하는 데모가 대규모로 발생했다. 카자흐스탄 전국에 비상사태 선언이 발령되었다. 결국, 카자흐스탄은 러시아에 도움을 요청하였고, 러시아군이 주축이 된 치안부대가 카자흐스탄 안정화를 위해 파견되는 사태로 발전하였다.

카자흐스탄은 과거에 소련을 구성하고 있던 15개 공화국 중 하나이며, 소련이 붕괴한 1991년에 독립을 선언하였다. 카자흐스탄은 어떤 나라인가?

소련 시절 카자흐스탄의 국명은 '카자흐 소비에트 사회주의공화국'이었다. '공화국'이라는 명칭이 붙어 있어 독립국가인 것처럼 생각될 수도 있지만, 소련공산당의 지배를 받는 소련 일부에 불과했다. 소련이 붕괴함으로써 독립하여 카자흐스탄, 즉 카자흐인의 나라라는 명칭을 붙인 것이다.

현재는 제2대 카심 조마르트 토카예프 대통령이 집권하고 있다. 카자흐스탄은 전제국가라고 여겨지는 경우가 많으며, 영향력 있는 야당은 존재하지 않는다. 국토는 광대하며, 북으로는 러시아, 동으로는 중국과 접해 있다. 민족으로서는 튀르키예계의 이슬람교도가 많지만, 소련 시절에는 종교가 억압받고 있었기 때문에 종교색은 그다지 강하지 않다. 카자흐스탄에는 조선인들도 많이 살고 있는데, 저자가 2001년에 취재차 카자흐스탄을 방문했을 때는, 이슬람교도들이 금기하는 돼지고기를 메뉴로 하는 조선 요리 식당을 많이 찾을 수 있었다. 중앙아시아에 조선인들이 사는 이유는 무엇 때문일까. 그것은 1931년에 스탈린이 조선인들을 이곳으로 '강제 이주'시켰기 때문이다.

소련은 조선과도 국경을 접하고 있으며, 국경선을 따라서 조선인들도 많아 살고 있었다. 당시에는 일소 관계가 악화하였기 때문에 조선인이 일본의 첩자가 아닌지, 또는 소련 국내의 조선인이 일본을 편들지는 않는지, 소련은 이것을 두려워했다. 이 때문에 스탈린이 극동에 거주하고 있던 조선인들을 소련 내의 카자흐 공화국이나 우즈벡 공화국으로 추방한 것이다.

스탈린은 이 정도로 강하게 의심을 가진 인간이었다.

🌐 카자흐스탄이 다민족국가인 이유

좀 더 자세히 말하면, 스탈린에 의해서 카자흐 공화국으로 강제 이주된 것은 조선인뿐만 아니었다. 체첸인들도 마찬가지였다.

제2차 세계대전 중 나치 독일군이 소련으로 침공해 들어오자 체첸인들이 독일군과 합세하여 반항하지나 않을까 두려워한 스탈린이 이들을 카자흐 공화국과 시베리아로 추방하였다.

카자흐스탄은 사막이 많은 나라이다. 적의 편을 들지도 모르는 민족을 쫓아내기에는 아주 적합한 장소라고 생각한 것이다. 열악한 환경 탓에 목숨을 잃은 사람들도 적지 않았다. 그 결과 현재의 카자흐스탄에는 실로 다양한 민족이 살고 있다.

사실 지금까지 카자흐스탄은 정세(政勢)가 비교적 안정되어 있어서, 구소련의 여러 공화국 가운데 '가정 안정된 나라'로 평가받고 있었다. 그러나 2022년에 들어와 대규모 소요사태가 일어나 많은 사망자가 발생하는 등, 갑자기 주목을 받게 되었다.

별로 잘 알려지지는 않지만, 카자흐스탄은 산유국이며, 석유 개발을 위해 미국 자본을 도입하였고, 해외에 석유를 수출하여 견실하게 경제를 발전시켜 왔다.

국내에서는 국민의 인기를 끌기 위해 액화석유가스(LPG)의 상한 가격을 정해 놓고 그 이상으로 가격이 오르지 못하게 규제하였다.

그러나 미국의 석유회사가 카자흐스탄 국내용 가격은 상한선이 있으므로, 값싼 국내용 석유를 훨씬 값비싸게 팔리는 해외용으로 판매량을 늘렸다. 이 때문에 국내에서 연료 부족 현상이 일어난 것이다.

대규모 데모가 발생하여 당황한 토카예프 대통령은 LPG의 가격을 인하하는 결정을 하였지만, 그런데도 데모는 진정되지 않았다. 그 이유는 국민의 분노가 LPG의 가격보다는 나자르바예프 전 대통령의 장기 독재에 향하고 있었기 때문이다.

🌐 국민의 분노는 28년간의 '장기 독재'에

소련 시절에 카자흐 공화국의 대통령이었던 나자르바예프는 독립 후에도 그대로 독립국의 대통령으로 눌러앉았다. 2019년에 사임할 때까지 28년에 걸쳐 정치 권력을 장악한 것이다. 2010년에는 '국민의 지도자'라는 칭호까지 받아 '국부'로 군림해 왔다.

더욱이 2019년 사임할 때에는 자기의 측근이었던 상원의장 토카예프를 후계자로 지명하였다. 대통령의 권좌를 물려주기는 하였으나, 국가안전보장회의 의장으로서 최고 권력을 계속 유지한 것이다, 대통령 사임은 결국 겉치레만의 권력 이양이었다.

나자르바예프에 대한 국민의 격렬한 분노가 대규모 데모의 배경이 된 것이다. 항의 행동이 폭동으로 발전하자 토카예프 대통령은 러시아에 원조를 요청하였다.

'국내의 치안 유지 문제에 외국이 개입하도록 하는 것이 타당한 가'라고 생각할지도 모르지만, 카자흐스탄은 러시아가 주도하는 구 소련권의 군사동맹인 '집단안전보장조약기구'(CSTO)의 가맹국이 다. 이런 까닭에 러시아에 지원을 요청한 것이다. 토카예프의 요청 에 따라 러시아군을 주력으로 하는 약 2,500명의 부대가 움직였다.

CSTO는 1992년에 구소련을 구성하는 공화국 가운데 6개국이 조인한 타슈켄트조약을 기반으로 한 다국간 안전보장의 기본 틀 이다. 현재의 가맹국은 러시아를 비롯하여 아르메니아, 벨라루스, 카자흐스탄, 키르기스스탄, 타지키스탄이다. 참가국을 보면 이른 바 '소련 체제의 유물'(遺物)이다. 이 나라들은 가맹국이 외국의 공격 을 받게 되면 집단적 자위권을 행사한다.

동서 냉전 시대에는 소련과 동유럽 여러 나라가 가맹한 바르샤바 조약기구가 있었지만, 앞에서 언급한 것처럼 1991년의 소련 붕괴와 함께 해체되었다. 그러나 그후에도 러시아는 주변 지역에 대한 영향 력을 유지하기 위하여 CSTO를 발족시킨 것이다.

이번에 카자흐스탄에 파병한 부대의 중심은 물론 러시아군의 특 수부대이다. 2014년 러시아가 우크라이나의 크림반도를 병합했을 때와 같은 정예부대로 보인다.

2022년에 들어와 세계의 이목을 끌어모은 카자흐스탄의 반정부 데모는 과거 냉전 시대에 체코슬로바키아(당시)에서 일어난 민주화 운동인 '프라하의 봄'을 연상시킨다.

프라하의 봄이란 1968년에 공산주의 체제하의 체코슬로바키아에서 일어난 민주화운동이다. 체제의 위기를 느낀 소련은 바르샤바 조약기구의 군대를 투입하여 민주화운동을 짓밟아 버렸다. 이번에 카자흐스탄에서 그 현대판이 전개된 것이다. 카자흐스탄 역사상 최대 소요사태가 되었다.

러시아의 푸틴 대통령은 카자흐스탄을 러시아의 세력권 내에 묶어두고자 하는 것이다. 카자흐스탄은 러시아와의 경제동맹인 '유라시아 경제연합'에도 참가하고 있다. 앞으로도 가맹국에서 정부를 비판하는 움직임이 있으면 무슨 일이 일어날 것인지를 보여준 것이라고 할 수 있다.

🌐 상하이협력기구(SCO)에 이란이 정식으로 가맹

CSTO와 유사한 조직이 상하이협력기구이다.

2021년 9월 SCO 수뇌 회의가 타지키스탄의 수도인 두샨베에서 개최되어, 옵서버 자격으로 참석하고 있던 이란이 정식으로 가맹하

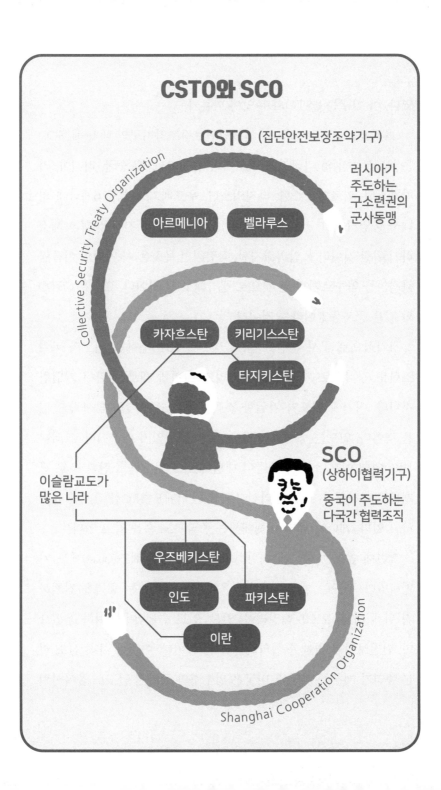

였다. 이 기구는 CSTO와 무엇이 다른가.

CSTO가 '러시아 중심'의 집단안전보장조약기구인 데 반해, SCO 는 '중국 중심'의 다국간 협력조직이다. 2001년에 중국, 러시아, 카 자흐스탄, 키르기스스탄, 타지키스탄, 우즈베키스탄 등 6개국에 의 해서 출범하였다. 서로 맞대고 있는 국경 지대의 긴장 상태를 해소 하기 위한 것이라고 알려졌지만, 직접적인 목적은 이 지역의 이슬람 과격파를 억누르기 위한 것으로 생각해도 될 것이다. 요점은 CSTO 와 같은 군사동맹이라는 것이다.

정기적으로 군사 훈련을 하고 있으며, 2015년에는 인도와 파키 스탄도 정식으로 가맹하였다. 그리고 이번에 새로 이란이 가입한 것이다. 여기에 인도가 가입한 것을 의외라고 생각하는 사람도 있 을 것이다. 인도는 중국과 전쟁을 치른 적도 있기 때문이다. 그러나 1960년대 이후 소련과 중국이 대립하였고, 인도는 소련과 우호 관 계를 구축하였다. 소련이 러시아로 바뀐 뒤에도 양호한 관계를 유지 하고 있다. 게다가 테러 대책에서는 중국과도 손을 잡고 있다.

그런데 인도는 중국에 대항하기 위하여 만든 쿼드(Quad)에도 가 맹하였다. 쿼드는 패권주의적인 움직임을 강화하는 중국을 견제하 기 위해 미국, 오스트레일리아, 일본, 인도 4개국이 참여하고 있으 며, 안전보장과 경제를 협의하는 기본 틀이다. 이것은 아베 신조 일 본 총리가 제창한 것인데, 미국은 민주주의 국가인 인도도 참여시켜

Quad

Quad
(미,일,호,인 전략 대화)

일본

미국

태평양판
NATO를
목표

아시아 태평양 지역에 있어서
패권주의적인 중국을
견제하기 위한 안전보장과 경제를
협의하는 기본 틀

민주주의
진영

인도

오스트레일리아

인도는 중국과의 관계를
악화시키고 싶지 않기 때문에
참가에 신중

Quadrilateral Security Dialogue

*국가의 수반은 2022년 4월 현재

쿼드를 태평양판 NATO로 삼으려는 의도가 있는 것 같다. 인도는 누가 뭐라 해도 '세계 최대 민주주의 국가'이기 때문이다.

그러나 인도로서는 중국을 적대시하더라도 전쟁이 일어나는 것만은 피하고 싶어 한다. 다시 말해 중국과 결정적으로 대립하고 싶지는 않은 것이다. 따라서 어느 진영에도 속하지 않는 중립 정책을 취하고 있다. 우크라이나 문제에서도 인도는 러시아에 대한 경제 제재에는 참여하지 않고 있다. 이번에 상하이협력기구에 이란이 가맹함으로써 미국에 대한 대항축(對抗軸)으로서의 존재감을 키웠다고 할 수 있을 것이다.

🌐 이란에 반미강경파 대통령 탄생

이란은 반미국가이다.

2021년 6월 20일 이란에서 대통령 선거가 실시되어, 반미강경파인 에브라힘 라이시가 당선되었다. 8년 만에 '반미' 정권이 탄생한 것이다.

지금까지의 이란 대통령인 하산 로하니는 온건파이며, 미국의 오바마 대통령과의 사이에 이란의 핵 개발을 중지시키는 '이란 핵 합의'를 성립시켰다. 그런데 트럼프 전 대통령이 핵 합의에서 이탈하고, 이란에 대한 경제 제재를 강화하였다. 이 때문에 이란 국내에서는 '역시 미국은 신용할 수 없다. 로하니가 미국에 속았다'라는 분위기가 높아졌다.

라이시 신임 대통령은 이슬람 법학자이다. 이슬람교의 예언자인 무함마드의 자손에게만 착용이 허용되는 검은 터번을 두르고 있으며, 현재 이란의 최고지도자인 하메네이의 후계자 후보 가운데 한 사람으로 지목되고 있다.

이란의 대통령은 특수한 존재이다. 어느 나라든 대통령은 국가원수이며, 최고지도자로 군림하는 이미지를 갖고 있으나, 이란에는 대통령 위에 '최고지도자'가 존재한다. 올해 83세인 하메네이가 바로 '최고지도자'이다. 국정 전반에 걸쳐 최종 결정권을 가지며, 절대적인 권력을 장악하고 있다.

이러한 '최고지도자'나 대통령에게는 '사'(師)라는 경칭이 붙는데, 그 이유는 이들이 고위의 이슬람 법학자이기 때문이다. 그렇다면 누가 '최고지도자'를 뽑는 것일까. 이슬람 법학자들로 이루어진 전문가 회의에서 선출하며, 일반 국민은 관여할 수 없다.

이란은 겉으로는 일반 국민이 직접선거로 대통령을 선출할 수 있는 민주적인 정치 제도를 갖추고 있지만, 대통령보다 상위에 위치하는 '최고지도자'는 국민이 선출할 수 없다. 다시 말해 이란은 이슬람 법학자에 의해서 전체가 통제되고 있는 나라인 것이다.

🌐 이란의 최고 권력자는 대통령이 아닌데……

이란은 대통령이 있으면서 한편으로 '최고지도자'가 존재하는 체제를 갖고 있다. 이란이 이러한 체제를 갖게 된 것은 1979년에 이슬람 혁명이 일어났기 때문이다.

이란은 이슬람교를 국교로 하는 이슬람 공화국인데, 국민의 대부분은 이슬람교에서는 소수파인 '시아파'이며, 미국과 적대하는 역사가 시작되는 '이슬람 혁명'이 일어난 이래 이슬람교 시아파의 법학자에 의한 통치가 계속되고 있다.

시아파는 이슬람교의 예언자인 무함마드의 사촌 동생인 알리의 피를 잇는 자가 이슬람교도를 이끌어야 한다는 사고방식을 가진 파이다. 또한 알리의 피를 잇는 후계자는 이맘(지도자)이라고 일컬어지며, 이맘의 지도를 받는 것이 이상적이라고 생각한다.

그런데 제12대 이맘이 갑자기 자취를 감추고 말았다. 곤혹스러운 신자들은 '이맘은 어딘가에 숨어있을 뿐이다. 이 세상의 종말이 다가오면 재림할 것이다'라고 생각하였다. 이러한 생각을 받아들여 아야톨라 호메이니가 '제12대 이맘이 재림할 때까지는 이슬람 법학자가 통치해야 한다'고 생각했다.

이리하여 이란은 '최고지도자'의 지도를 따르는 나라가 된 것이다. 초대 '최고지도자'인 호메이니가 사망한 후, 1989년에 현재의 하메네이가 '최고지도자'가 되었다.

이란의 대통령은 군에 대한 권한 따위는 갖고 있지 않으며, 국회나 사법과 어깨를 나란히 하는 행정의 수장에 불과한 존재이다. 그렇다고 해도 온건파가 대통령이 되느냐, 반미강경파가 되느냐에 따라 외교정책은 크게 바뀌게 된다.

미국은 이란 대통령이 된 라이시가 사법부의 간부였던 1988년, 사법적인 절차를 거치지 않고 많은 정치범의 사형 집행을 명령한 것을 이유로 그를 제재 대상에 포함하였다.

🌐 미국과 이란의 '작용·반작용'

이란에 온건파를 대신하여 강경파 대통령이 탄생했을 때, 저자는 이것을 물리학의 '작용·반작용의 법칙'과 같다고 생각했다. 뭔가 움직임이 있으면, 반드시 그것과 반대되는 움직임도 나타난다는 의미이다.

예를 들면, 2001년의 9·11 동시다발 테러가 일어난 다음 해 1월, 당시 미국의 조지 W. 부시(아들) 대통령은 이란·이라크·북한을 국명을 거론하며 공공연히 '악의 축'이라고 규정하였다. 핵 개발 의혹이 있던 세 나라이다.

이란에
반미강경파 대통령

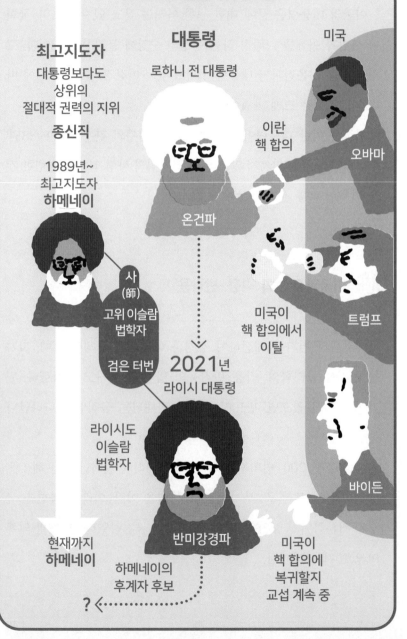

최고지도자
대통령보다도
상위의
절대적 권력의 지위

종신직

1989년~
최고지도자
하메네이

사
(師)

고위 이슬람
법학자

검은 터번

라이시도
이슬람
법학자

현재까지
하메네이

하메네이의
후계자 후보

? ←·········

대통령

로하니 전 대통령

온건파

2021년
라이시 대통령

반미강경파

미국

이란
핵 합의

오바마

미국이
핵 합의에서
이탈

트럼프

바이든

미국이
핵 합의에
복귀할지
교섭 계속 중

당시 이란의 대통령은 온건파인 모하마드 하타미였다. 하타미 대통령은 그때까지 반미적이었던 이란의 정책을 재고하려고 하였다. 그러나 부시 대통령의 발언으로 이란 국내의 분위기가 돌변하였고, 2005년의 대통령 선거에서는 반미강경파인 마무드 아마디네자드가 당선되었다. 아마디네자드는 하타미 대통령이 중단하였던 핵 개발을 재개하였다.

부시 대통령의 '악의 축' 발언이라는 '작용'에 의해서 이란은 다시 반미국가가 되는 '반작용'을 보인 것이다.

그러나 2013년 선거에서는 아마디네자드 대통령의 강경노선에 싫증이 난 사람들이 온건파인 로하니 대통령을 탄생시켰다.

이번에도 마찬가지이다. 로하니 대통령이 오바마 대통령과 핵 합의를 성립시켰으나, 미국에 트럼프 대통령이 등장하여 이란에 엄격한 태도를 보임으로써 이란에 다시 반미 대통령이 탄생하였다.

바이든 대통령의 등장으로 미국과 이란의 관계는 어떻게 변할 것인가. 라이시는 줄곧 강경한 자세를 견지하고 있다. 미국을 뒤흔들기 위해서 안전보장과 경제면에서 중국과 러시아에 접근하고 있다는 견해도 있다.

🌐 살아남은 '탈레반'

미군이 완전히 철수한 아프가니스탄은 어찌 되었는가.

아프가니스탄은 북쪽으로는 구소련의 타지키스탄, 우즈베키스탄, 투르크메니스탄과 국경을 맞대고 있으며, 서쪽으로는 이란, 동쪽으로는 파키스탄과 국경을 접하는 내륙국가이다.

주변이 많은 나라로 둘러싸여 있는 다민족국가이며, 가장 많은 민족은 파슈툰인이고, 그밖에 타지크인, 우즈벡인, 하자라인 등이 살고 있다. 과거 몽골 제국에게 지배당한 적도 있는데, 하자라인이 바로 몽골계이며, 일본인과 구분이 안될 정도로 얼굴 모습이 비슷하다.

1979년 소련이 아프가니스탄을 침공하였다. 그 이유는 '아프가니스탄에 소련을 적대시하는 정권이 들어설 것 같아 이를 저지하기 위해서'라는 것이었다. 그러나 종교를 부정하는 공산주의 군대가 침략하는 것에 반발하는 이슬람교도가 무기를 들고 저항하였다. 그들은 '무자히덴'이라고 불리는 이슬람의 성스러운 전사(聖戰士)들이다.

동서 냉전 시대에 소련과 대립하고 있던 미국은 소련을 약체화시키기 위하여 파키스탄을 거쳐 무자히덴에게 무기와 원조를 제공하였다. 그 결과, 소련은 많은 사상자를 내고 1989년에 아프가니스탄에서 철수하였다. 이것이 소련 붕괴의 원인 가운데 하나가 되었다.

소련이 철퇴하자 미국은 이곳에 관한 관심이 없어졌다. 이것이 계기가 되어 아프가니스탄 국내는 내전 상태에 빠지게 되었다.

탈레반이란 '신학생'(神學生)을 의미하는 '탈리브'의 복수형이다. 소련군이 아프가니스탄을 침략하였을 때, 파키스탄으로 도주한 아프가니스탄 난민들의 자녀들을 대상으로 파키스탄 국내의 원리주의 집단이 신학교를 만들어 극단적인 교리를 철저하게 주입하였다. 이 학생들에게 파키스탄군이 무기를 주고, 아프가니스탄에 잠입시켰다. 이들이 1996년 고향인 아프가니스탄으로 돌아와 정권을 장악하였다.

그러나 2001년 미국에서 동시다발 테러가 일어나, 당시의 부시 대통령이 아프가니스탄을 공격함으로써 탈레반 정권은 붕괴하고 말았다. 그로부터 20년이 흐른 뒤, 지방으로 쫓겨났던 탈레반이 세력을 확대하여 다시 정권을 장악하였다. 과연 그 20년은 무엇이었던 것일까.

🌐 '민주주의의 확장'은 미국의 오만

미국은 테러의 주모자인 오사마 빈 라덴을 살해하는 데는 성공하였으나, 아프가니스탄에 민주주의를 뿌리내린다는 목적은 달성하지 못하였다. 탈레반은 이슬람 원리주의의 극단적인 교리를 철저하게 주입받은 젊은이들이다.

2001년 미국이 탈레반 정권을 무너뜨린 후 어떻게 했으면 좋았을까. 열쇠를 쥐고 있었던 것은 파키스탄이었다고 생각한다. 아프가니스탄과의 국경선을 따라 파키스탄에 사는 민족은 파슈툰인이다. 탈레반이 파키스탄으로 도망쳐 들어오자 파슈툰인들이 이들 탈레반을 숨겨 주었다. 국제사회가 파키스탄 정부에 더욱 압력을 가해서 탈레반을 은닉하지 못하게 했다면 좋았을 것으로 생각한다.

어쨌든 '정의'를 내세우며 타국의 정치에 개입하여 자기들에게 유리한 정권을 세운다는 것은 한계가 있을 수밖에 없다. '아프가니스탄에 민주주의를 뿌리내리겠다'라는 발상 자체가 미국의 오만이었던 것은 아닐까.

🌐 튀르키예제 드론이 '나고르노-카라바흐 분쟁'에서도 전과(戰果)

이번에 러시아가 침공한 우크라이나의 동부에서, 친러시아파 무장집단을 공격하기 위해 튀르키예에서 제조한 공격 드론이 사용되어 시선을 끌었다. 튀르키예제 드론은 2020년 9월에 코카서스 지방의 아제르바이잔과 아르메니아 사이에서 일어난 나고르노 카라바흐 분쟁에서 전과를 올린 바 있었다.

사실은 이 분쟁도 구소련을 구성하고 있던 나라들 사이에서 일어난 것이다. 이 분쟁이 어떤 것이었는지 간단히 알아보기로 하자.

아제르바이잔에 아르메니아인이 다수를 점하는 '나고르노 카라바흐 자치주'라는 지역이 있다. 구소련 시절에는 아제르바이잔 공화국의 자치주였는데, 나고르노 카라바흐에서는 아르메니아로 편입하자는 요구가 끊이지 않았다. 그러나 서로 같은 소련 일부였기 때문에 소련 시절에는 문제가 되지 않았다.

요컨대 이 분쟁은 나고르노 카라바흐라는 지역이 '아르메니아에 속하는가, 아니면 아제르바이잔에 속하는가'를 두고 다툼이 일어나 결국에는 아르메니아와 아제르바이잔의 전쟁으로 발전한 것이다.

아제르바이잔은 튀르키예계 민족의 국가이며, 이슬람교도가 많다. 한편, 아르메니아는 세계에서 최초로 기독교를 국교로 삼은 나라로 잘 알려져 있다. 종교는 아르메니아 정교회이다.

2020년, 나고르노 카라바흐 자치주를 둘러싸고 아제르바이잔과 아르메니아가 대규모로 전투를 하였는데, 이때 러시아는 개입하지 않았다. 이런 까닭으로 아제르바이잔이 튀르키예제 드론을 다수 사용하여 오랫동안 아르메니아에게 점령당하였던 나고르노 카라바흐의 일부를 탈환하는 데 성공하였고, 결국 아제르바이잔의 승리, 아르메니아의 패배로 끝을 맺었다.

한 가지 덧붙여 말하면, 아르메니아는 제1차 세계대전 당시에 일어난 '아르메니아인 강제이주문제'를 둘러싸고 튀르키예와의 사이에 역사문제로 대립하고 있다.

튀르키예의 전신(前身)인 오스만 제국 내에서, 기독교도들인 아르메니아인은 '제국의 안전을 위협하는 존재'라는 이유로 상당수가 학살되었는데, 튀르키예는 이 사실을 인정하려고 하지 않는다.

2021년 4월, 바이든 대통령은 미국 대통령으로서는 처음으로 '아르메니아인 대량 살해는 제노사이드(대량 학살)이었다'고 인정하였다. 과거의 미국 대통령들은 동맹국인 튀르키예와의 관계가 악화할 것을 우려하여 '제노사이드'라는 용어의 사용을 자제하였다. 이러한 바이든의 발언에 튀르키예는 크게 반발하고 있다.

🌐 국민이 '경제 음치'(音癡)인 대통령의 희생

튀르키예는 〈유라시아 그룹〉이 발표한 2022년의 '세계의 10대 리스크'에도 들어있다. 튀르키예는 자국 통화인 리라화의 폭락으로 인한 물가 폭등이 시민들의 일상생활을 매우 힘들게 하고 있다. 자국의 통화 가치가 하락하면 수입품의 가격이 상승한다. 최근 에너지 가격이 폭등함에 따라 세계적으로 물가가 급등했는데, 설상가상으로 리라화의 가치 하락이 가세하여 튀르키예 국민에게는 더블 펀치인 셈이다. 이러한 사태가 발생한 계기는 에르도안 대통령의 경제정책에 있다.

에르도안 대통령은 높은 인플레이션에도 불구하고 금리를 인하하겠다고 표명하였다. 금리를 인상하려고 한 중앙은행 총재를 잇달아 세 명이나 경질하였다. 통상적으로 물가가 상승하는 경우에는 금리를 올려서 물가의 억제를 꾀한다. 그런데 에르도안은 금리를 올리면 경기가 나빠진다고 생각하고, 물가가 비싸도 금리를 내리고 수출을 확대함으로써 경제를 상향시키려고 하는 것이다.

에르도안의 경제 음치 같은 정책으로 인해 인플레이션이 급격히 진행하고 국민이 괴로움을 겪고 있다. 그러나 에르도안의 독재가 심화하고 있는 튀르키예에서는 조금이라도 정부를 비판하면 체포될 위험이 있으므로 강력하게 반대하는 사람이 아무도 없다.

또 이런 일도 일어났다. 신장 위그르 자치구의 위그르인이 같은 이슬람교도라는 이유로 튀르키예에게 도움을 요청하며 상당수가 튀르키예로 도망쳐 왔다. 그러나 튀르키예는 중국과의 경제 관계를 중요시하여 위그르인들을 적발하여 중국으로 송환하기 시작하였다. 동포인 이슬람교도들을 조금도 보호하려고 하지 않고 중국으로의 접근을 가속하고 있다. 독재자에게로 '권력의 집중'이 진행되고 있는 것은 러시아와 튀르키예의 공통점이다.

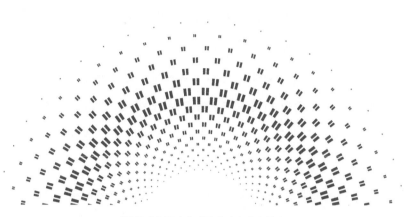

민주화되면 국민의 여론에 좌우되기 쉽다.
국민이 정부에 반대하는 목소리를 내면 정부도 국민의 소리에 귀를 기울이지 않을 수 없다.

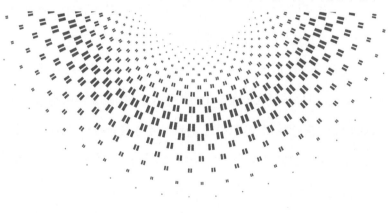

제 **4** 장

'경제에서 이데올로기'로
전환한 중국

🌐 우크라이나와 중국의 의외로 '긴밀한' 관계

러시아가 우크라이나에 침공하자 중국은 태도를 보류하였다. 중국은 두 나라(러시아와 우크라이나)와 관계가 긴밀하기에, 중국이 두 나라의 전쟁을 종식하기 위해 중재에 나서지 않을까 주목을 받았다.

러시아와 중국의 관계가 깊다는 사실은 잘 알려졌지만, 우크라이나와 중국이 좋은 관계를 유지하고 있다는 것은 그다지 알려지지 않았다.

중국은 '중국 최초의 항공모함'이라고 알려진 '랴오닝'호를 우크라이나로부터 구입하였다. 랴오닝은 원래 소련의 '바랴그'(러시아어로 바이킹이라는 뜻)호라는 항공모함이었다. 크림반도의 항구 도시인 세바스토폴에 조선소가 있는데, 그곳에서 이 항공모함을 한창 건조할 때 소련이 붕괴하였다. 이에 따라 건조 중이던 이 항공모함은 우크라이나의 소유가 되었으나, 1998년 홍콩의 한 실업가가 '마카오에서 해상 카지노로 사용하겠다'는 명목으로 구매를 희망하였다. 우크라이나는 이에 응하여 항공모함의 장비를 모두 제거하고 그저 빈 선체만을 매각하였다. 그러나 우크라이나에서 마카오로 가야 할 이 배가 중국의 해군기지로 입항하였다.

이것을 구매한 것은 페이퍼 컴퍼니였다. 해상 카지노를 만들겠다는 거짓말로 우크라이나를 속이고 구매하여 중국군에게 넘긴 것이다. 중국은 우크라이나에서 실직한 기술자를 고임금으로 대량 고용하여 항공모함을 완성해, 중국식으로 '랴오닝'호라고 명명한 것이다.

우크라이나는 중국이 주도하는 '일대일로'(一帶一路) 전략에도 중요한 나라이다. 중국은 우크라이나에 거액의 투자를 하고 있으며, 현재 우크라이나의 무역 상대국은 러시아를 제치고 중국이 1위이다.

🌐 2022년 가을, 주목받는 중국공산당 대회

중국의 시진핑으로서는 러시아와 우크라이나의 문제보다는 자기의 3선을 확실히 하겠다는 것이 급선무이다.

2021년은 중국에는 '중국공산당 창립 100주년'이라는 기념할 만한 해였다. 그리고 2022년의 중국에서 가장 주목되는 이벤트가 5년에 한 차례 열리는 중국 공산당대회이며, 가을에 개최되었다.

최대의 초점은 시진핑 자신에 대한 인사(人事)이다.

중국의 최고 권력자는 중국공산당의 수반(首班)인 '총서기'이며, 중국에서는 공산당의 총서기가 국가주석을 겸직하는 것이 관례이다. 중국은 국가주석의 임기를 '2기 10년'이라고 헌법에 규정하고 있다. 그러나 시진핑 정권은 2018년에 헌법을 개정하여 국가주석의 임기를 철폐하였다.

한편, 총서기에게는 임기 제도가 없지만, '당 대회 시 68세 이상은 은퇴'라는 관례가 정착되어 있었다. 그러나 시진핑에게는 이것을 적용하지 않고 당 대회에서 3기째 권력유지를 결정하는 것이 확실시되고 있다. 다시 말해 국가주석의 임기를 철폐함으로써 마오쩌둥 시대와 같은 '종신제'의 길을 열게 되었다.

중국인들이 건국의 아버지라고 부르는 마오쩌둥이 과거에 사용했던 '당주석'이라는 포스트(1982년 이후 폐지)를 시진핑이 부활시킬 것이라는 견해도 있다.

당주석의 포스트는 마오쩌둥이 사망한 후 곧 폐지되었다. 마오쩌둥은 문화대혁명으로 많은 혼란을 일으켰다. 그를 개인 숭배한 것이 잘못되었다는 반성으로 공산당의 '당주석'이라는 지위를 없애고 '총서기'로 바꾸었는데, 그것을 다시 원래대로 되돌릴지 모른다. 총서기는 중국공산당 중앙정치국 상무위원 7인 가운데 한 사람에 지나지 않지만. 당주석이 되면 압도적으로 강력한 입장이 되는 것이다.

시진핑은 이미 '종신 황제'가 되어가고 있다. 중국의 앞날은 시진핑이 무엇을 할 것인지, 그의 국가 구상에 의해서 움직일 것이다.

🌐 시진핑에 의한 '문화대혁명 2.0'

시진핑은 앞으로 무엇을 하려는 것일까. 〈뉴스위크〉 일본판 2021년 12월 7일 호에 '문화대혁명 2.0'이라는 제목의 특집 기사가 실렸다. 이 기사는 시진핑이 주도하는 21세기의 공산주의 회귀운동이 바로 '신문화대혁명'이라고 지적하고 있다. 시진핑은 자기가 존경하는 마오쩌둥이 이루지 못한 것을 실현하려 한다.

'문화대혁명 2.0'을 이해하기 위해서는 먼저 문화대혁명이 무엇이었는지 알아야 할 것이다. 마오쩌둥의 문화대혁명(1966~1976년)에 의해서 실로 엄청나게 많은 사람이 죽음에 이르게 되었다. 이 문화대혁명은 권력을 잃은 마오쩌둥이 권력을 탈환하기 위하여 획책한 권력투쟁이었다. 그러면 마오쩌둥은 왜 권력을 잃었던 것일까.

1949년 '중화인민공화국'이 건국되었다. 이때 마오쩌둥은 2개의 주석직을 차지하였다. 중화인민공화국의 주석 겸 중국공산당의 주석이었다. 공산당의 주석이 그대로 국가의 주석이 되는 시스템이다.

중화인민공화국이 세워졌을 당시 중국은 소련에 크게 의지하는 처지였다. 1957년 소련의 최고지도자인 후르시초프가 '앞으로 15년 이내 세계 제1의 공업대국인 미국을 추월하겠다'고 선언하였다. 당시 중국은 '소련의 아우격'이었으므로 마오쩌둥은 '소련이 미국을 추월한다면 중국은 미국의 아우격인 영국을 추월하겠다'고 결의하고, 1958년부터 '대약진운동'을 시작하였다. 이 운동은 완전히 실패하고 말았다.

철을 생산하기 위한 연료를 확보하기 위하여 전 중국에서 산림이 대규모로 벌채되어 사막화가 진행되었다. 농민들이 철의 생산에 동원되는 바람에 농업에 종사할 시간을 빼앗겨 농업 생산량이 격감하였다. 이 때문에 터무니 없이 많은 사람이 기근으로 사망하였다. 자그마치 3천만 명이 아사하였다.

🌐 마오쩌둥(毛澤東) 덕분에 모두 평등하게 '가난해졌다'

이렇게 많은 사람이 죽음에 내몰리게 되자 마오쩌둥의 책임을 추궁하는 목소리가 높아져, 그는 국가주석직에서 물러나지 않을 수 없었다. 그러나 중국공산당의 주석직만은 양보하지 않았다.

이 결과 중국에는 2명의 주석이 존재하게 되었다. 국가주석과 공산당의 주석이 동일인일 때는 아무런 문제가 없었으나, 2명의 주석이 존재하게 되자 상황이 어긋나기 시작하였다. 즉, 모든 국정 문제가 국가기관의 수반인 국가주석에게만 보고되고, 공산당의 주석은 소홀하게 취급되었다. 이리하여 마오쩌둥은 점점 권력을 상실하게 되었다.

마오쩌둥은 새로이 국가주석직에 오른 류사오치(劉少奇)[1]를 시기하여, 어떻게 해서든지 권력을 되찾기 위하여 일으킨 것이 문화대혁명이었다. 문화대혁명을 한마디로 정의한다면 마오쩌둥의 '권력 탈환을 위한' 사상 개혁 운동이라고 할 수 있다.

마오쩌둥은 '중국은 혁명으로 성립했지만, 혁명은 한 번만으로 끝나지는 않는다'라든가, '오랜 시간이 지나면 부패해지므로 혁명은 계속되지 않으면 안된다'라든가, 또는 '부패한 집단을 타도하자'라는 말로 청년들을 선동하였다. 전국의 중학생과 고등학생 그리고 대학생들은 '홍위병'(紅衛兵: 공산주의를 지키는 위병)을 자칭하며 '혁명'을 시작하였다.

홍위병들은 차례차례 권력자들을 끌어내려서 자기비판을 강요하였다. 아니면 대중 앞에 끌고 다니며 한껏 모욕한 다음 건물 옥상에서 떨어뜨리기도 하였다. 이러한 일들이 중국 전국에서 매일같이 벌어졌다. 베이징 시내의 고급 중화요리점을 잇달아 습격하여, 고객에게 고급 요리를 제공하는 것은 혁명 사상과 어긋나므로 모두 서

민용 메뉴로 바꾸라고 행패를 부렸다. 이런 와중에 몇몇 홍위병 그룹이 운동방침을 둘러싸고 대립하면서 서로 죽고 죽이는 사태가 계속하여 발생하였다.

마오쩌둥은 '모두 평등하게'라는 정책을 내세웠지만, 대혼란만 일으켰고, 결과적으로는 모두가 평등하게 가난해지고 말았다. 이것이 문화대혁명의 실체이다. 중국의 근대사상 최대 오점이라고 할 수 있을 것이다. 문화대혁명이 끝난 것은 마오쩌둥이 죽었기 때문이다.

🌐 덩샤오핑(鄧小平)에 의한 희한한 '사회주의 시장경제'

마오쩌둥 사망 후 덩샤오핑이 '부유해질 수 있는 사람부터 부유해지는 것이 좋다'라는 '선부론'(先富論)을 제창하며 개혁·개방정책을 추진하였다. 전국 각지에 경제특구를 만들고, 경제특구 내에서 실험적으로 자본주의를 시행하였다. 이것이 성공을 거두게 되었다.

이러한 정책이 어느 정도 성과를 거두자 경제특구를 모두 폐지하고 중국 전국에 자본주의를 도입하였다. 이리하여 공산당 통치하에 '사회주의 시장경제'라는 희한한 용어가 생겨난 것이다. 고개를 갸우뚱 할 만한 상황이었다.

'사회주의'는 정부가 사전에 정한 방침대로 계획적인 경제활동을 수행하는 체제이다. 반면에 '시장경제'란 경제활동을 시장에 맡긴다는 의미이다. 다시 말해 시장경제란 수요와 공급에 의해서 결정되는 자본주의 체제이다.

사회주의 체제에서의 시장경제. 물과 기름이 섞인 듯한 느낌이다. 사회주의 시장경제를 쉽게 설명하면 '중국공산당의 명령을 따르기만 한다면, 얼마든지 돈을 벌어도 된다'는 의미이다.

결과적으로 중국은 1990년 이후 매년 두 자릿수의 고도 경제 성장을 실현하였다. '부자가 될 수 있는 사람은 먼저 부자가 되어라. 언젠가 부가 나라 전체로 퍼질 것이다'라는 덩샤오핑의 말이 어느 정도 성과를 거두었다. 그러나 중국은 풍요로워졌지만, 빈부 격차가 급격하게 퍼졌다.

중국이 세계 2위의 경제 대국이 된 것은 틀림없이 덩샤오핑의 공적이라고 할 수 있을 것이다. 개혁·개방으로 외자(外資)기업의 진출을 허용하고, 꾸준히 공장을 세워 세계의 공장이 되었다. 전 세계의 하청을 받아 생산 관리를 체득하였다. 이런 과정을 거쳐 제대로 품질 관리를 할 수 있게 되었다.

중국은 인건비가 저렴했기 때문에 전 세계에 값싼 중국 제품이 흘러넘치게 되었다. 과거에는 '값싸고 질 나쁜' 중국 제품이었지만, 지금은 값싸고 질 좋은 물건을 생산하게 되었다. 예를 들면, 중국의 하이얼 그룹이 생산하는 가전제품의 판매량이 늘어나고 있다.

마오쩌둥과 덩샤오핑

1949년
'중화인민공화국' 건국

마오쩌둥

경제 정책

대약진
운동

이데올로기 정책

문화
대혁명

모두 평등하게 가난해졌다

덩샤오핑   1978년~
개혁 개방 노선을 표명

선부론

사회주의
시장경제

경제 정책

경제발전은 했으나
빈부 격차 확대

저자가 초등학생이었을 무렵, 일본 제품은 '값싸고 질 나쁜'의 대명사였다. 지금의 젊은 세대들이 이 말을 들으면 깜짝 놀라겠지만, 화장실에서 신는 슬리퍼 중에 루이뷔통 상품이 있었다. 루이뷔통이 그런 제품을 만들 리가 없었겠지만, 당시 일본에는 해외의 브랜드 상품의 짝퉁이 흘러넘치고 있었다. 하지만 그때 일본인들의 의식 속에서는 이것을 대수롭지 않게 여기는 경우도 많았다.

1970년대 초, 토요타 자동차가 미국으로 자동차를 수출하려고 생각하고, 한국의 그랜저에 해당하는 고급 자동차를 생산하여 미국의 프리웨이에서 주행하였는데, 시속 100킬로가 넘자마자 차체가 덜컹거리다가 분해될 뻔한 적이 있었다. 깜짝 놀라 갓길에 차를 세우고는, 아직은 미국에 자동차를 수출할 상태가 아니라고 판단했다는 에피소드가 있다.

그러나 점점 품질이 향상되어 지금은 토요타 자동차라면 전 세계에서 신뢰받는 브랜드 상품이 되었다. 중국인도 과거의 일본처럼 선진국의 여러 브랜드 기업의 품질 관리 방법을 필사적으로 배운 것이다.

예를 들면, 유니클로 제품의 태그에는 모두 바코드가 부착되어 있다. 결함 품을 매장으로 가져가 바코드를 읽어보면 중국 어느 공장의 어느 생산 라인에서 생산된 것인지 곧 알게 된다. 즉시 연락하여 원인 규명하게 된다. 이러한 노하우를 습득하게 되면 유니클로가 아닌 독자적인 브랜드를 형성하여 그 품질 관리를 응용하기는 그다지 어렵지 않게 될 것이다.

🌐 시진핑의 슬로건은 '공동 부유'(共同 富裕)

다시 말해 대약진운동이나 문화대혁명으로 중국이 극빈 상태에 처해 있을 때 덩샤오핑이 두각을 나타내 '선부론'을 제창하며 자본주의를 도입하였다. 그런데 경제는 발전하였지만, 빈부 격차가 확대되어 정부에 대한 불만이 높아졌다. 시진핑은 이러한 상황을 타개하고자 다시 한번 마오쩌둥과 같은 공산주의 이상에 되돌아가려는 것이다.

지금의 시진핑은 제2의 마오쩌둥이 되려고 한다. 다만 지향하는 목표는 정반대이다. 즉, 마오쩌둥이 주장한 평등은 중국인 모두를 평등하게 가난하게 했지만, 이제는 중국인 모두 다 함께 부자가 되자는 것이다.

이러한 목표를 요령 있게 표현한 슬로건이 '문화대혁명 2.0'이다. 시진핑이 내건 슬로건은 '공동 부유'이다, 이것은 마오쩌둥이 1953년에 제창했으나 실현하지 못한 것이다.

이러한 상황에서 빈부 격차를 해소하기 위하여 착안한 것이 자

산가들이다. 중국 제1의 부호이며, 중국 최대의 전자 상거래 업체인 알리바바 그룹의 창업자 마윈(馬雲)이 강연회에서 중국의 금융 당국을 공공연하게 비판한 직후 한동안 공적인 무대에서 자취를 감추었다. 마윈뿐만이 아니다. 어느 부동산 왕도 실종되어 소식을 알 수 없게 되었다.

부호들은 공산당 통치에 대해서 위협을 느끼고 있는데, 시진핑은 사업에 크게 성공한 부자들에게 기부하라고 독려하고 있다. 이 때문에 큰돈을 번 경영자들이 경쟁하듯이 기부하고 있다. 기부하지 않으면 신변이 위태로워지기 때문이다. 부자들을 압박함으로써 평등을 실현하려는 것이 시진핑의 노림수이다.

또 연예인이나 탤런트들도 표적이 되고 있다. 많은 영화에 출연하여 부를 쌓은 여배우를 탈세 혐의로 단속하거나 인기 그룹의 팬클럽 활동을 정지시키기도 한다.

인기 그룹이나 배우의 팬클럽을 인정하지 않는 이유는 무엇일까. 특정한 연예인의 팬들은 그 연예인을 자기들의 '목숨'보다 소중히 여긴다. 동경하는 스타가 절대적인 존재이다. 그러나 중국공산당의 입장에서는 사람들이 공산당보다 연예인을 중요시하는 것을 용인할 수 없다. 공산당이 항상 최고가 아니면 안되기 때문이다.

🌐 '학원 규제령'에 타피오카 드링크로 대항?

극단적인 것은 입시학원에 대한 규제이다. 중국 정부는 2021년 7월 초중등학생을 대상으로 하는 입시학원에 대한 규제책을 발표하였다. 수험 경쟁이 과열되는 중국에서 입시학원의 수요가 높아져 수많은 입시학원이 난립하고 있다.

일본에서도 자녀들의 교육비가 너무 비싸 사회 문제가 되고 있는데, 중국은 일본 이상으로 상황이 심각하다. 자기 아이들의 성공을 바라는 부모들은 아이들을 명문학교에 보내고 싶어 한다. 따라서 교육에 드는 비용이 무거운 부담이 되고 있다. 입시학원의 비용을 감당할 수 있는 가정은 별문제가 없지만, 그렇지 못한 부모는 아이를 입시학원에 보낼 수가 없다. 이 때문에 공산당은 교육의 격차를 없애기 위해서 모두 공립학교에 들어가 평등한 교육을 받도록 권장하고 있다.

구체적으로 입시학원에 '초중등학생 대상의 학원 신설을 불허'하며, '기존의 학원들은 비영리 조직으로 전환할 것'과 '토·일 요일 및 공휴일의 수업을 금지'할 것을 지시하였다.

당국의 이러한 조치로 도시에서는 입시학원의 폐업이 줄을 이었다. 개혁·개방의 구호 아래 많은 사립학교가 개교하였으나, 이제는 이 학교들을 공립으로 전환하려는 움직임도 나오고 있다.

그런데, 중국에는 옛날부터 전해져 내려오는 유명한 말이 있다. '위에 정책이 있다면, 아래에는 대책이 있다'는 말이 그것이다. 정부가 뭔가 정책을 내놓으면 서민들은 이에 대항하는 대책을 내놓는다는 의미이다.

입시학원을 규제한 결과, 부유층은 비밀리에 가정교사를 고용하고 있다. 입시학원에는 보낼 수 없지만, 자녀를 명문교에 입학시키기 위해서 베이징대학교나 칭화대학교에 다니는 우수한 대학생을 높은 수업료를 지급하고 가정교사로 고용하는 것이다. 그러나 지나치게 대학생처럼 보이면 이웃 사람들에게 발각되어 밀고 당할지도 모를 일이다. 따라서 가정교사에게는 청소부나 배달원을 가장하여 방문하도록 특히 주의시키고 있다.

그러나 이 정도는 시작에 불과하다. 일본에서 중국으로 유학 간 학생에게서 들은 이야기인데, 빠져나갈 길은 많다고 한다. 대학생이 타피오카 드링크를 판매하러 오는 것처럼 가장한다는 것이다. 어디까지나 타피오카 드링크 매매라는 형식을 취하면서 그 음료를 고가로 구매하고 그대로 집 안으로 들여서 가정교사를 하게 하는 것이다. 정부가 아무리 규제를 하더라도 부자들은 빈틈없이 가정교사를 고용하는 것이다. 다시 말해 일부 부유층만이 자녀들의 학력을 향상할 수 있는 것이다. 격차를 해소하기 위하여 입시학원을 규제하였는데, 기대와는 달리 결과적으로는 새로운 격차가 발생하는 것이다.

시진핑은 격차를 조금이라도 해소하여 국민의 불만을 완화함으로써 장기 집권을 유지하려는 속셈일 것이다. 말하자면 시진핑은 '경제보다는 이데올로기 중시'로 전환한 것이 아닐까.

🌐 마오쩌둥이 달성하지 못한 '타이완 통일'

2022년은 미국의 닉슨 대통령이 중국을 방문한 지 꼭 50년이 되는 해이다. 1972년 2월 21일, 닉슨 대통령은 베이징을 방문하여 마오쩌둥 및 저우언라이(周恩來) 총리2)와 회담하였다. 소련 포위망을 형성하려는 목적이었다. 당시 중국은 소련과 극심하게 대립하고 있었기 때문이다.

공통의 적인 소련을 봉쇄하기 위하여 중국과 손을 잡은 것이다. 그후 중국의 민주화를 기대하며 경제발전을 위해 많은 지원을 하였다. 그러나 중국은 민주화는커녕, 중국공산당의 일당독재 아래에 경제를 발전시키고 군비를 확장하였다. 그리고 미국 주도의 국제 질서에 도전할 만큼 성장한 것이다.

지금 중국은 러시아와 함께 군사훈련을 할 뿐만 아니라 일본의 주변에 전투기를 침투시키는 등 도발을 일삼고 있다. 이 때문에 미국이 이번에는 중국을 봉쇄하기 위하여 중국 포위망을 형성하는 데

심혈을 기울이고 있다.

2021년 9월, 미국과 영국, 오스트레일리아 3개국이 안전보장의 기본 틀인 'AUKUS'(오커스)를 출범시켰다. 일본, 미국, 오스트레일리아, 인도가 구축한 'Qusd'(쿼드)도 발족하였다. 쿼드란 4라는 의미인데, 둘 다 중국에 대한 견제를 강화하기 위한 기본 틀이다.

미국의 닉슨 대통령과 중국의 마오쩌둥 주석이 악수한 지 반세기가 지난 지금, 미국은 중국에 배신당한 것이다.

네덜란드의 경제학자가 분석한 바에 의하면, 중국은 명나라 시대에는 GNP(국민총생산)가 세계 최고였다고 한다. 그러던 것이 이민족이 지배하는 왕조인 청나라 시대에는 아편전쟁에 패하여 열강의 지배를 허용하게 되었다. 중국으로서는 굴욕적인 일이었다. 한민족(漢民族)이 최강이었던 것은 명나라 시대였다. 시진핑은 앞으로의 중국을 명나라 시대의 현대판으로 하겠다는 패권주의를 내걸고 있다.

덩샤오핑은 '흑묘백묘론'(黑猫白猫論), 즉 '검은 고양이든 흰 고양이든 쥐를 잡는 것이 좋은 고양이다'라고 말하였다. 방법은 어찌 됐든 결과만 좋으면 된다는 의미이다. 그러나 시진핑은'흰 고양이가 아니면 안된다'는 입장이다. 경제보다는 공산당에 추종하는 것, 다시 말해 경제보다는 이데올로기를 중시하는 것이 시진핑의 논리이다.

시진핑은 마오쩌둥을 높이 평가하지만, 마오쩌둥이 이루지 못한 것이 있다. '타이완(臺灣) 통일'이 그것이다. 마오쩌둥이 달성하지 못한 것을 실현하여 역사에 이름을 남기는 것이야말로 시진핑의 야망인 것이다. 시진핑은 마오쩌둥을 뛰어넘고 싶은 것이다.

🌐 레닌의 『제국주의』와 지금의 중국

그렇다면 어떻게 타이완 통일을 달성하려는 것일까. 미국이 타이완을 지킬 수 없게 될 만큼의 군사력을 중국이 보유함으로써, 타이완이 독립을 포기하게 하는 것이다. 타이완 내부에 '다시 한번 중국과 하나가 되어도 좋지 않겠는가'라는 여론을 형성하게 함으로 싸우지 않고 손에 넣겠다는 의도인 것이다. 말하자면 손자병법이라고나 할까.

우려되는 것은 진먼다오(金門島)이다. 진먼다오는 타이완섬으로부터는 상당히 떨어져 있으며, 중국 본토에서는 엎어지면 코가 닿을 만큼 가까이에 있다. 중국이 마음만 먹으면 눈 깜빡할 사이에 점령할 수 있을 것이다. 타이완 본토가 아니므로 타이완은 꼼짝없이 당할 수밖에 없을 것이다. 이런 방법으로 중국이 타이완 본토에서 멀리 떨어져 있는 섬들을 하나씩 점령해버릴 가능성도 있다. 중국이 즐기는 '살라미 전술'3)이다. 살라미처럼 잘게 썰어 조금씩 먹으면 어느새 다 먹게 되는 방식이다.

레닌이 1916년에 집필한 『제국주의』를 읽어보면 지금의 중국이

중국은 타이완을
어떻게 할 작정인가?

러시아의
우크라이나 침공의
방식과 진행 상황을
보고 있다

러시아

중국

타이완

살라미 전술?

타이완 통일도
마오쩌둥의 비원

시진핑은
이를 달성하여
마오쩌둥을 넘고 싶다

어떤 상황에 있는지 알 수 있을 것이다. 이 책에서는 제국주의란 '과잉 자본을 수출함으로써 패권을 유지하는 것'이라고 설명하고 있다.

지금의 중국은 급속도로 부유해져서 과잉 자본 상태가 됨에 따라 남아도는 돈을 가지고 일대일로를 명분으로 해외로 진출하고 있다. 중국이라는 나라는 레닌이 정의한 제국주의 그 자체이다.

다른 한편으로 중국은 급격히 고령화가 진행되어 노동 인구가 감소하기 시작하였다. 우선 당장은 패권주의를 계속하겠지만, 고령화가 진행되어 인구가 계속 감소하면 패권주의를 유지할 수 없게 될 시기가 도래할 것이다. 그래서 시진핑이 지금 초조해하는 것이다. 아마도 향후 10년 정도는 패권주의가 계속되겠지만 그후로는 어찌될지 알 수 없는 일이다.

레닌은 '제국주의를 타도하지 않으면 안된다'라고 말하였는데, 지금의 중국은 확실히 제국주의 그 자체이다. 몇 년 전 베이징대학교에서 소장파 연구자들이 '마르크스주의 연구회'를 결성하였는데, 중국공산당에 의해 탄압을 받았다.

중국에서 마르크스주의를 배우면, 탄압받는다는 모순이 일어나고 있다. 중국 당국이 마르크스주의자인 학생이 노동자와 단결하여 정권에 대항하는 것을 두려워하고 있다는 견해도 있다.

🌐 중국은 마르크스·레닌주의가 아니다

시진핑이 '풍요로워진 다음에는 평등'이라고 한 말은 하나의 이상이다. 그러나 중국의 독자적인 '민주주의' 하에서 언론의 자유는 더욱더 심한 탄압을 받을 것이다.

중국은 소수의 뛰어난 지도자가 민주집중제(民主集中制)에 따라서 당을 운영하고, 국가를 지도하는 체제는 변함이 없다. 혁명을 지도하는 전위당(前衛黨)은 항상 정의로우며 절대로 잘못을 저지르지 않는다. 따라서 민중은 우리를 따라오기만 하면 된다. 이것을 전위당의 무류성(無謬性: 잘못이나 오류가 없음)이라고 한다.

중국에는 언론의 자유가 없다. 중국에서 미디어는 공산당의 '목구멍과 혀'라고 일컬어진다. 공산당의 선전기관에 불과하다는 의미이다. 소련도 마찬가지였다. 소련의 미디어에 언론의 자유 따위는 전혀 없었다.

소련에는 공산당 기관지인 〈프라우다〉와 정부 기관지인 〈이즈베스챠〉가 있기는 했지만, '프라우다에 프라우다 없고, 이즈베스챠에 이즈베스챠 없다'는 말이 있었다. 프라우다는 '진실', 이즈베스챠는 '뉴스'라는 의미이다.

언론의 자유가 없으면 국민은 정부가 안고 있는 과제를 알 수 없으며, 과제를 모르면 해결책도 찾을 수 없다. 중국이 지금의 체제를 바꾸지 않는 한 '공동 부유'로 향하는 길은 가시밭길일 것이다.

🌐 '전후 최악'이라는 한일관계 전망

2022년 3월 9일 한국에서 대통령 선거가 실시되었다. 한국 대통령의 임기는 5년이며, 재선은 금지되어 있다.

'전후 최악'이라는 한일관계는 앞으로 어떻게 될 것인가.

이번 대통령 선거에서도 반일적인 언동이 두드러진 후보와 관계 개선에 나설 것으로 예상되는 후보가 대결하였다. 결과는 후자인 윤석열(尹錫悅) 후보가 당선되었다. 5년 만에 보수 정권이 탄생한 것이다. 윤 후보는 한일 양국의 국익에 도움이 되도록 일본과의 협력을 목표로 하고 있다. 그러나 한국에서는 일본과의 관계 개선을 주장하면 '친일파'라는 딱지가 붙어 비판받는 경우가 허다하다.

한편, 패배한 이재명(李在明) 후보는 문재인(文在寅) 전 대통령과 마찬가지로 '더불어민주당'이며, 일본에 대해서 극히 비판적인 태도를 보였다. 그는 반일적인 발언을 되풀이하며, 경기도지사 시절에는 '친일 잔재 청산 프로젝트'를 추진하였다. 일본 식민지 시대에 일본에 협력한 사람들이 남긴 것을 전부 제거하려고 하는 것이다. 예를 들면 지금까지 교육 현장에서는 '수학여행'이나 '소풍'과 같은 일본

식 명칭이 남아 있었는데, 그는 수학여행을 '문화 탐방'으로 소풍은 '현장 체험학습'으로 변경하였다.

이번의 대통령 선거에서 승패의 열쇠를 쥐고 있었던 것은 과거에 무당파층이었던 20~30대의 젊은이들의 윤석열 후보 지지였다. 일본의 젊은 세대들의 투표율은 저조하지만. 취직난에 어려움을 겪고 있는 한국의 젊은층은 다수가 투표하였다. 한국은 지금 젊은이의 고용 문제가 최우선 과제이다.

선거전에서는 황당무계한 공약도 나왔는데, 예를 들면 '대머리 치료에 건강보험 적용' 같은 것이 그것이다. 한국에는 5명 가운데 1명 꼴로 대머리로 고민하는 사람들이 있다고 하는데, 값비싼 모발 이식 치료를 받는 사람들이 많다고 한다. 그 치료비를 건강보험의 적용 대상으로 하겠다는 것이 이 공약의 발상이다.

이 공약은 선거에서 패한 '더불어민주당'의 이재명 후보가 내세운 것인데, 한국에서는 대머리를 걱정하는 젊은이들로부터 꽤 호응이 좋았다고 한다. 그러나 그렇지 않아도 의료비가 비싸지고 있는데 대머리 치료마저 건강보험을 적용하면 재정이 압박받을 것은 불 보듯 뻔하다. 신종 코로나에 대응하기에도 벅찬데 그저 인기를 끌려는 공약이 아니냐 하는 목소리와 함께, '그렇다면 쌍꺼풀 수술 같은 미용 수술에도 건강보험을 적용해야 한다'는 비판이 나와 국민의 폭넓은 지지를 받지 못하였다. 정말로 쓸모없는 공약이었다.

🌐 '한일 공동선언'의 정신으로 돌아가자

　한국의 정치에는 '보수'와 '진보(혁신)'라는 두 가지 사고방식이 있다. 문자 그대로 보수는 '과거의 전통과 사고방식을 지키자'는 생각이며, 진보는 '과거의 전통과 사고방식을 새롭게 바꾸자'는 생각인데[4], 과연 무엇에 대하여 보수와 진보를 말하는 것일까.

　이것은 '북한'에 대한 사고방식과 태도의 차이이다. '남북통일'이라는 점에서는 양측이 공통적인 생각하고 있지만, 보수계의 사람들은 빈번하게 미사일 발사를 하는 북한에 엄격한 태도를 보인다. 이에 반해 진보계는 북한을 지원하면서 통일을 이루어야 한다고 생각하고 있다.

　따라서 보수파의 윤 대통령은 북한에 대하여 엄격한 태도를 보일 것이다.

　윤 대통령은 북한에 대하여, '완전한 비핵화를 실현할 때까지는 원칙과 경제 제재를 해제하지 않겠다'는 입장이다. 또 '만약 북한이 한국을 공격할 자세를 보인다면, 한국이 먼저 북한을 공격하는 능력을 갖추는 것이 전쟁의 억지력이다'라고 발언하는 등, 북한에 대해서 강경한 태도를 보인다.

　한국의 군사력을 한층 더 강화하여 힘으로 북한을 억누르겠다는 방침이다.

한편, 한일관계에 관해서는 '한일 파트너십(한일 공동선언)의 정신으로 되돌아가자'고 생각하고 있다. 1998년 10월 8일, 일본의 오부치 게이조(小渕惠三) 총리[5]와 한국의 김대중(金大中) 대통령이 21세기를 향하여 한일 양국이 새로운 관계를 구축하자는 취지에서 문서를 교환한 것이 한일 공동선언이다. 그후 양국이 매년 상대국을 방문하여 미래지향적인 관계를 구축하기 위하여 노력해 왔다. 그 정신으로 되돌아가자는 것이다. 앞으로 한일관계가 개선되기를 기대해 본다.

실로 역설적이기는 하지만, 한국에서 반일적인 생각을 하는 사람들이 증가한 것은 한국이 민주화된 이후부터라는 측면이 있다. 만약 한국이 군사정권인 채로 남아 있었다면, 정부가 일본과의 관계 개선을 추진하더라도 아무도 거역하지는 않았을 것이다. 물론 군사정권이 좋다는 말은 아니다.

민주화되면 국민의 여론에 좌우되기 쉽다. 국민이 정부에 반대하는 목소리를 내면 정부도 국민의 소리에 귀를 기울이지 않을 수 없다. 그러므로 우선 민간 차원에서 관계를 개선하고 점차적으로 국가와 국가 사이의 관계에 반영하는 것이 관계 개선의 지름길이 될 것이다. 그러한 한일관계를 구축해 나간다면 이보다 더 바람직한 것은 없을 것이다.

미주

1) 마오쩌둥 후임으로 국가주석이 되어 외교적으로 탁월한 임무를 수행하였으나, 문화대혁명 때 마오쩌둥에게 숙청되어 모든 공직에서 축출되었다가 1969년에 사망하였다.

2) 마오쩌둥과 함께 중화인민공화국을 수립하고 외교부장과 총리를 지냈다. 마오쩌둥의 권위를 넘보지 않고 항상 공산당 내에서 이인자로 만족하였다.

3) 살라미는 이탈리아식 말린 햄의 일종이다. 짠맛이 강하기 때문에 얇게 썰어서 먹는다. 살라미 전술이란 상대방과 협상할 때 한꺼번에 목적을 달성하려 하지 않고 조금씩 상대방을 밀어붙여 목적을 달성하는 전술이다. 살라미를 조금씩 얇게 썰어 먹는 방식에서 따온 말이다.

4) 일반적으로 보수와 진보를 대립하는 개념이라고 이해하는 경향이 있는데, 이것은 잘못된 생각이다. 보수는 과거로부터의 전통을 지키면서 체제 내부의 모순을 점진적으로 개혁하려는 생각이지만, 진보는 과거의 전통을 지키면서 내부의 모순을 급진적으로 개혁하려는 생각이다. 개혁하는 방법론에 차이가 있을 뿐이며, 지향하는 목표는 똑같이 우파의 기본 사상인 자유민주주의이다. 따라서 보수우파 또는 진보우파라는 말은 성립되지만, 진보좌파라는 용어는 성립되지 않는다. 자유민주주의를 지향하는 진보와 사회주의를 지향하는 좌파를 한데 묶어 진보좌파라고 부를 수는 없기 때문이다. 좌파는 진보가 아니다. 좌파가 진보를 참칭(僭稱)하는 것은 일반인들을 기만하는 것이다.

5) 1998년 7월부터 2000년 4월까지 총리를 역임한 일본 정치가. 2000년 4월 뇌경색으로 쓰러져 총리직을 사임하고 한 달 후 사망하였다.

186

제 **5** 장

국제 룰을 지키지 않는 나라, 평화를 위협하는 나라

🌐 다시 생각나는 '헝가리 동란'

러시아군이 우크라이나의 국경으로 진격하자, 우크라이나 시민들은 화염병을 만들기 시작하였다. 헝가리 동란에서 배운 것이다.

헝가리 동란이란 1953년에 소련의 독재자 스탈린이 죽은 후, 1956년 민주화를 요구하는 헝가리의 국민이 봉기하였는데, 이를 소련군이 진압한 사건이다.

수도 부다페스트를 중심으로 봉기한 시민들은 소련의 전차를 향하여 화염병으로 대항하였고, 이로 인해 상당수의 소련군 전차가 파괴되었다. 화염병은 대전차 병기로서 당시에는 나름대로 효과가 있었다.

러시아의 우크라이나 침공에 대하여 미국은 군사적으로는 대처하지 않고 있지만, 대량의 무기를 우크라이나에 지원하고 있다. 미국은 우크라이나를 제2의 아프가니스탄으로 간주하려고 생각하고 있는 것 같다.

1980년대 소련이 아프가니스탄을 침공했을 때, 미국은 아프가니스탄의 이슬람 전사(戰士)인 '무자헤딘'을 원조하여 대량의 무기를 제공하였다. 이번에는 우크라이나가 지원 대상이 되었다.

예상 밖으로 장기전 양상을 띠면서 수많은 러시아 병사가 죽고 있다. 문자 그대로 진흙탕 싸움이 되어가고 있다. 러시아의 푸틴 대통령으로서는 크나큰 오산이다.

🌐 UN은 기능부전에 빠져 있다?

많은 사람이 'UN은 무엇을 하고 있나'라는 질문을 제기하고 있다.

2022년 2월 24일 러시아가 우크라이나를 침공하자 UN의 안전보장이사회는 2월 25일 급거 긴급 회의를 열었다. 그러나 제재는커녕 비난 결의조차 채택하지 못하였다.

유엔은 평화의 파수꾼이기는 하지만, 'UN의 안전보장이사회에는 5개 상임이사국(미국, 영국, 프랑스, 러시아, 중국)이 거부권을 가지고 있기에' 제대로 그 기능을 발휘하지 못하고 있다. UN이 평화를 지켜줄 것이라는 생각은 헛된 꿈에 지나지 않는 것 같다.

UN이 창설되었을 당시, 제2차 세계대전의 전승국이 상임이사국이 되었다. 그런데 우크라이나 전쟁을 일으킨 당사국인 러시아가 바로 그 상임이사국이다. 적어도 분쟁 당사국은 거부권을 행사하지 못하게 해야 하지만, 러시아가 이를 거부하고 있다.

UN의 설립 초기에는 중화민국(타이완)과 소련이 상임이사국이었다. 그러나 1971년에 중화인민공화국이 타이완 대신 상임이사국이 되었고, 1991년 소련이 붕괴한 후에는 러시아연방이 이를 계승하였다. 두 경우 모두 총회의 결의를 통해서 이루어졌다.

상임이사국이 거부권을 지나치게 행사하지 못하게 하기 위해서는 UN 헌장을 개정하지 않으면 안된다. 그러나 헌장을 개정하기 위해서는 총회에서 전체 회원국의 3분의 2 이상의 찬성과 모든 상임이사국의 찬성을 필요로 하기에 사실상 헌장 개정은 불가능한 것이 실정이다. 수시로 거부권을 남발하는 러시아와 중국은 물론, 다른 상임이사국들도 이러한 특권을 포기하고 싶어 하지는 않을 것이다.

이와 같은 상황에 UN은 완전히 기능부전에 빠진 것과 다름없다. 어차피 국제사회는 아무것도 할 수 없을 것이라고 푸틴이 지금 비웃고 있을지도 모른다.

UN은 기능부전인가?

안전보장이사회의 상임이사국에게는

"거부권"
있다

한 나라라도
반대하면
부결

프랑스

영국

미국

중국

러시아

상임이사국은
제2차
세계대전의
전승국

거부권 제도를 개정하려고 해도
거부권을 행사하면 부결되기 때문에
실제로는 불가능에 가깝다

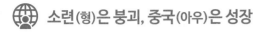 **소련(형)은 붕괴, 중국(아우)은 성장**

러시아가 중국에 군사 원조를 요청했다는 보도가 있었다. 러시아와 중국의 접근은 일본의 안전보장에 대해서도 커다란 의미가 있다.

러시아와 중국의 공통점은 양국이 '사회주의국가'로 출발했다는 점이다. 양국 관계는 처음에는 형과 아우 같은 관계였다. 이 말의 의미는 무엇인가.

2021년은 중국공산당 창립 100주년이 되는 해였다. 100년 전 소련의 지원을 받아 '코민테른 중국지부'로서 중국공산당이 탄생한 것이다.

1917년에 러시아 혁명이 성공하였다. 러시아 혁명을 성공시킨 것은 레닌이 이끄는 '러시아 사회민주노동당'이었다. 혁명이 성공한 후 이것이 '소련공산당'이라는 이름으로 바뀌었다.

러시아 혁명의 성공은 자본주의 국가들에 엄청난 충격을 안겨주었다. 전 세계가 사회주의국가가 될지 모른다는 위기의식을 느낀 자본주의 국가들은 러시아 혁명을 무너뜨리고자 하였다. 여기에 일본도 참가하였다. 이른바 '시베리아 출병'이 바로 그것이다.

러시아 혁명을 성공시킨 군대가 '적군'이며, 반혁명의 군사 세력이 '백군'이었다. 이들 사이에 내전으로 발전하였다. 유럽의 여러 나라는 백군을 지원하여 적군을 물리치려고 하였다. 그러나 이러한 시도는 실패로 끝났고 결국은 철수하고 말았다.

마지막까지 남은 것은 일본군이었다. 일본군과 힘을 합쳐 적군과 싸우던 백군 병사 중에는 일본으로 망명한 병사들도 있었다. 이들 가운데 일부는 러시아와 기후 풍토가 비슷한 홋카이도에 정착하기도 하였다. 이들을 '백계(白系) 러시아인'이라고 부른다. 물론 피부색이 하얗다는 의미는 아니다. 이들 중에는 일본 국적을 취득한 사람들도 있었다.

러시아 혁명 후 일본으로 망명한 백계 러시아인 가운데 유명한 사람이 빅토르 스타르힌이다. 일본의 프로야구계에서 활약하였으며, 홋카이도의 아사히카와에는 '스타르힌 구장'(球場)도 있다. 고베에서 창업한 모로조프라는 유명한 디저트 전문점의 설립에도 백계 러시아인이 관여하였다. 이처럼 러시아 혁명이 일본과도 꽤 관계가 있었음을 알 수 있다.

🌐 중국공산당만이 계속 당원을 증가시켰다

혁명을 성공시킨 소련은 사회주의 혁명에 적의를 품은 나라들에 둘러싸이게 되었다. 이에 소련은 '진정한 의미의 혁명을 성공시키기 위해서는 전 세계를 공산화해야 한다'고 생각하고 이것을 실행에 옮기게 된다.

소련은 우선 주변 국가들과 전쟁이 아닌 평화적인 관계를 맺기 시작하였다. 다른 한편으로는 코민테른(공산주의 인터내셔널)이라는 조직을 창설하였다. 이 코민테른이 전 세계에 지부를 두고 각국에 소련의 지시를 따르는 공산당을 설치해 나갔다. 소련은 각국의 공산당이 그 나라에서 혁명을 일으키도록 지원하였다.

이러한 생각을 바탕으로 코민테른의 구성원이 비밀리에 중국에 잠입하여 거기에서 공산주의 사상을 가진 사람들을 규합하여 중국 공산당을 창당하였다.

이듬해 1922년에는 코민테른 일본지부도 만들어졌다. 이것이 일본 공산당이다. 2022년은 일본 공산당 창립 100주년이 되는 해이다.

그러나 핵심인 소련은 붕괴되었다. 과거 소련공산당의 당원 중에서 일부가 러시아 공산당을 만들었지만, 러시아 국내에서 그다지 영향력을 갖고 있지는 않다.

이러한 가운데 중국공산당만이 당원을 계속 증가시켜, 14억 인구 중에서 현재 약 9,500만 명이 중국공산당의 당원이다. 독일의 인구가 8,200만 명 정도임을 고려하면, 그보다 훨씬 많은 거대 조직으로 발전하였음을 알 수 있다.

인권을 무시하는 두 나라가 접근

초기에는 밀월 관계였던 소련과 중국은 점차 험악한 관계로 변질하였다.

1972년 2월 21일, 당시 닉슨 미국 대통령이 중국을 방문하였다. 당시 중국은 소련과의 사이에 국경 분쟁 중이었기 때문에 미국과의 국교 정상화를 원하고 있었다. '소련 대항'이라는 공동의 목적이 미·중 양국이 손을 잡게 한 것이다.

그러나 50여 년이 지난 현재, 러시아와 중국은 다시 접근하고 있으며, 군사 협력도 긴밀해졌다. 이와는 대조적으로 미·중 관계는 협조에서 대립으로 돌아섰기 때문에 이것을 새로운 냉전(신냉전)이라고 부르기도 한다.

중·러 양국의 공통점은 언론(보도)의 자유가 없고, 인권을 무시하는 국가라는 점이다. 양국의 최고 권력자는 임기 제한을 사실상 철폐하고 폭군화하고 있다.

중국은 세계 제일의 국민 감시 사회이다. 중국공산당의 지도로 국민 감시 시스템으로 14억 인구 개개인의 정보를 관리하고 있다. 조지 오웰의 『1984년』은 소련의 사회주의를 풍자한 가까운 미래 소설인데, 마치 지금의 중국을 묘사한 소설 같다.

그런데 사실 중국의 '헌법'에는 언론의 자유가 인정되고 있다. 중국 헌법 제40조의 첫 머리에는 이렇게 규정되어 있다.

"중화인민공화국 공민의 통신의 자유 및 통신의 비밀은 법률의
보호를 받는다."

이처럼 통신의 자유와 통신의 비밀이 제대로 지켜진다고 분명히
쓰여 있다. 그러나 그 뒤에는 다음과 같은 규정이 계속된다..

"국가의 안전 또는 형사 범죄 수사의 필요상, 공안기관 또는 검찰
기관이 법률이 정하는 절차에 따라 통신의 검사를 행하는 경우를 제
외하고 어떠한 조직 또는 개인일지라도 그 이유를 불문하고 공민의
통신의 자유 및 통신의 비밀을 침범할 수 없다."

다시 말해 타인의 전화나 메일을 제멋대로 도청할 수는 없으나,
국가의 치안기관은 법률에 근거하여 국민의 메일을 자유로이 읽거
나 전화를 도청할 수 있다.

중국 국내에는 일본의 언론기관을 포함하여 세계 각국의 여러 언
론기관이 존재하고 있는데, 신문사와 TV 방송국 지국(支局)의 전화
는 중국의 공안 당국에 의해서 모두 도청되고 있다. 모두 도청되고
있다는 사실을 알고 있으면서 그것을 전제로 일본의 본사와 연락

을 취하고 있다.

중국 국내에서 취재 활동을 하는 기자들은 지국이나 자기의 휴대전화로는 정보 제공자와 통화를 하지 않고 공중전화로 연락을 주고받는다.

다만, 지금 중국은 AI(인공지능) 기술을 사용하여 음성 인식 소프트와 얼굴 인식 소프트가 발전되어 있다. 따라서 외국의 미디어는 점점 더 취재하기가 어려워지고 있다.

헌법에서는 통신의 자유뿐만 아니라 언론의 자유도, 출판의 자유도, 집회의 자유도 모두 인정하고 있기는 하다. 그러나 "국가에 대한 반역 또는 국가의 안전에 위해를 끼치는 행위"라고 판단되면 이러한 권리는 모두 사라지게 된다. 이것이 중국의 헌법이다.

🌐 공산당을 찬양하고 '1건 0.5위안'

중국은 사이버 공간에서도 당국을 비판하는 사람이 없는지 검사하고 있다. 이런 감시 활동을 하는 사람들을 '사이버 폴리스'라고 하는데, 10여 년 전에는 3만 명 정도라고 알려져 있었으나, 현재는 수십만 명에 달한다고 한다. 이들 수십만 명의 사이버 폴리스가 24시간 체제로 오로지 사이버 공간을 순찰하면서 공산당에 대한 비판이나 공산당을 불리하게 하는 댓글을 발견하면 이를 즉시 삭제한다. 댓글을 삭제하는 데 그치지 않고, 그 댓글을 쓴 사람들이 차례차례 체포되는 상황도 계속되고 있다.

특히 당국이 두려워하고 있는 사람은 변호사들이다. 중국의 변호사 가운데는 헌법 지키기 운동을 하는 사람들이 상당수 있다. 공산당을 비판한 혐의로 체포 또는 투옥되거나 재판에 넘겨진 사람들을 변호하는 활동을 하는 것이다. 이들 변호사는 '중국의 헌법에는 언론, 출판, 집회, 결사의 자유가 인정되고 있으니 이러한 권리를 지켜라'고 목소리를 높이고 있다. 물론 이러한 활동을 하는 변호사들도 체포되는데, 이런 일들이 일상화되어 있다고 해도 과언이 아니다. 「국가정권 전복 선동죄」라는 죄가 이들에게 적용된다.

언론의 자유가 헌법에 보장되어 있기만 할 뿐이지, 실제로는 공염불에 지나지 않는다는 것을 잘 알 수 있다. 게다가 중국에서는 공산당에 불리하거나 비판하는 댓글을 삭제할 뿐만 아니라 '적극적으로 공산당을 찬양하는 댓글을 쓰도록' 하는 운동이 진행되고 있다. 이런 운동을 추진하는 것을 통칭 '오모당'(伍毛黨)이라고 한다. 중국공산당이 고용한 인터넷 여론 조작단을 말한다.

오모(伍毛)는 중국 돈 0.5위안이다. 즉, 공산당 찬양 댓글을 쓰면 1건당 0.5위안의 보수를 받는다. 용돈벌이로서는 꽤 괜찮은 보수이기 때문인지 이런 일을 하는 사람들이 1천만 명 이상에 달한다고 한다.

그러나 아무리 공산당을 찬양하는 댓글이라 하더라도 이것을 읽는 사람들은 어차피 돈을 받고 쓴 것이라고 짐작하기 때문에 아무도 공산당의 선전을 신뢰하지는 않는다. 이처럼 중국에서는 인터넷 공간에서의 언론 통제도 진행되고 있다.

🌐 우크라이나 대통령도 독을 마셨다?

중국만큼은 아니지만, 러시아에서도 언론 통제가 행해지고 있다. 한편, 러시아 주변에서는 전 스파이가 독살당하거나 정적(政敵)의 음식에 독을 타는 등, 마치 스파이 영화 같은 사건이 가끔 일어나고 있다.

우크라이나의 전 대통령인 빅토르 유셴코도 독살당할 뻔하였다. 2004년 친러시아파 대립 후보인 야누코비치와 대통령 선거에서 격돌하였을 때 누군가가 유셴코의 음식에 독극물을 주입하여 중태에 빠졌으나 다행히 목숨은 건진 사건이 발생하였다. 유셴코의 체내에서는 다량의 다이옥신이 검출되었다.

선거의 결과는 야누코비치의 승리로 돌아갔으나, 선거 부정을 이유로 유셴코의 진영에서 격렬하게 반발하였다. 결국, 재선거가 실시되어 유셴코가 당선되고 결과는 뒤집혔다. 이러한 일련의 사태를 '오렌지 혁명'이라고 부른다. 오렌지색은 유셴코 진영을 상징한다.

다행히 생명에 지장은 없었지만, 사진으로 본 유셴코 대통령의 얼굴은 이전과 동일 인물이라고는 생각할 수 없을 정도로 부어올라 전혀 다른 사람으로 보였다.

러시아 정부가 탐탁하게 여기지 않는 인물에게 독극물을 주입하는 것은 소련 시절부터의 '전통'이다.

2006년에는 러시아의 전 정보 장교인 알렉산드르 리트비넨코가 망명 중이던 영국에서 독살당하는 사건이 발생하였다. 런던의 한 호텔에서 차를 마신 후 몸 상태가 급변하였다. 리트비넨코가 마신 음료에서는 원자로에서만 얻을 수 있는 방사성 물질인 폴로늄 210이 다량으로 발견되었다고 한다.

리트비넨코는 러시아의 스파이 조직인 FSB(연방 보안국)에 소속되어 있었는데, 조직의 모략을 폭로한 후 러시아에서 살 수 없게 되자 영국으로 망명하였다.

러시아 정부는 이 사건에 관여하지 않았다고 부정하고 있지만, 배후에 러시아 정부가 있었음은 분명한 사실이다. 영국의 공개 조사위원회는 리트비넨코 살해 사건을 푸틴 대통령 자신이 승인했을 것이라는 보고서를 공표하였다.

또 2018년에는 러시아의 전 스파이였던 세르게이 스크리팔과 그의 딸 율리야가 영국에서 살해될 뻔한 사건도 발생하였다. 영국 솔즈베리의 한 쇼핑센터 앞 벤치에서 의식 불명인 상태로 발견되었다. 이 살해 미수사건에서 사용된 독극물은 소련 시절에 소련군이 개발한 노비초크라는 신경작용제였다.

이 노비초크는 푸틴 대통령을 격렬하게 비판해 온 러시아의 반체제활동가 알렉세이 나발니에게도 사용하였다. 나발니 독살 미수사건은 바로 최근인 2020년에 발생하였으므로 기억하고 있는 사람들도 많을 것이다.

러시아 국내에서는 미디어에 대해서도 혹독한 언론 통제가 계속되고 있다. 이러한 가운데, 2021년의 노벨평화상은 '표현의 자유'를 위해서 싸운 러시아와 필리핀의 두 명의 기자가 수상하였다.

러시아의 수상자는 독립신문 〈노바야 가제타〉 편집장인 드미트리 무라토프이다. 그는 러시아에서는 금기시되고 있는 정치의 영역에 파고 들어가 푸틴 대통령과 격렬하게 대립하였다. 노벨상 위원회는 수상 이유를 '역경에 직면한 민주주의와 언론의 자유를 위해 싸운 공적'이라고 설명하였다.

중국에서는 2021년의 노벨평화상에 관한 기사가 일부 미디어로부터 삭제되었다. 마치 중국 자신이 비판받은 듯한 반응이었다.

🌐 코로나 사태로 더욱 확대된 '격차'

빈곤과 격차도 세계가 직면하고 있는 문제이다.

빈부 격차에 대해서는 지금까지 반복해서 논의되어 온 문제인데, 최근에는 신종 코로나바이러스 감염이 확대됨에 따라 세계의 부유층과 빈곤층의 격차가 눈에 띄게 극심해졌다.

이 책의 프롤로그에서 옥스팜의 보고서에 대해 간단히 언급하였는데, 프랑스 경제학자 토마 피케티 등이 운영하는 '세계 불평등 연구소'(본부 파리)도 격차에 관한 보고서를 발표하였다. 2021년 말, '니혼게이자이'(日本經濟)신문이 이에 대한 기사를 실었다.

이 기사에 따르면 '2021년 기준 세계의 상위 1%의 초부유층의 자산은 세계 전체의 개인 자산의 37.8%를 차지하며, 하위 50%의 자산은 전체의 2%에 불과하다'고 한다.(2021년 12월 28일 자 니혼게이자이신문 조간)

역시 이 배경에는 '경기를 부양시키기 위한 재정 지출과 금융 완화에 의한 자금이 주식시장으로 흘러들어 많은 자산을 보유하는 부유층에 혜택을 주었다'는 것을 알 수 있다.(2021년 12월 28일 자 니혼게이자이신문 조간)

지역별로 보면, 격차가 가장 큰 곳은 중동과 북아프리카 지역인데, 일본의 부의 분포에 대해서는 '유럽 정도는 아니지만, 매우 불평

등'하다고 지적하였다.

코로나 사태로 경제활동이 제한되어 결과적으로 많은 실업자가 발생했지만, 극소수의 부유층은 이러한 환경 아래서도 자산이 많이 늘어났다고 할 수 있다.

30년 전 소련이 붕괴하고 동서 냉전이 종식되었다. 서구 자본주의 국가들에 대한 대립 세력이 없어짐에 따라 자본주의가 해결해야 할 과제가 방치된 것이 격차 심화라는 현실을 초래한 것이다.

초부유층은 보유하고 있는 주식의 가격이 상승하여 일하지 않고도 더욱더 부유해지는 반면, 일본에서는 30년 동안 임금이 인상되지 않아 아무리 일해도 생활하기가 힘들다는 노동자가 증가하는 구조가 생겨나고 있다. 자본주의는 제도적인 피로 현상이 일어나고 있다. 소련 붕괴와 함께 관심을 받지 못하던 '마르크스 경제학'을 재평가하려는 움직임도 나타나고 있다.

🌐 다시 '마르크스'

2021년 신간 서적 대상 1위를 수상하고 베스트셀러가 된 사이토 고헤이(斎藤幸平) 씨의 『인신세(人新世)의 '자본론'』(集英社)은 분명히 마르크스를 재평가하는 책이다. 서두에 나오는 "SDGs[1]는 '민중의

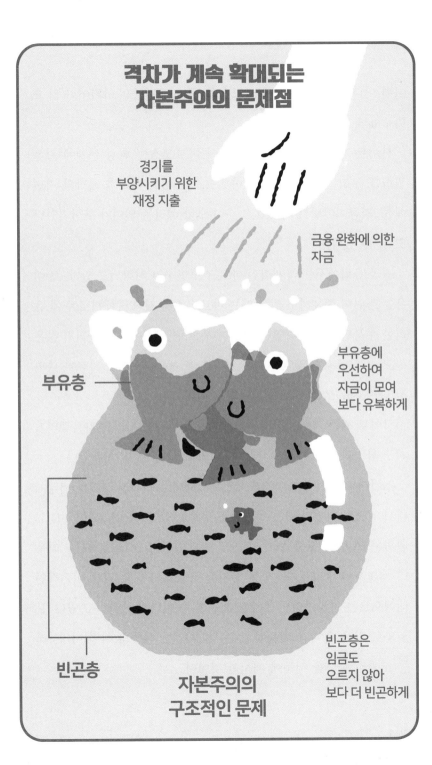

아편'이다!"라는 표현은 마르크스의 '종교는 민중의 아편이다'의 오마주(hommage)[2]이다.

사이토 씨에 의하면 만년(晚年)의 마르크스는 환경 문제에 깊은 관심을 두고 있었다고 한다. 마르크스에 대한 이러한 시각의 저변에는 '지금이야말로 마르크스'를 연구할 때라는 의미가 포함되었다고 할 수 있다.

지금 유럽에서는 국제적인 마르크스 연구가 시작되고 있다. 그 이유는 소련이 존재하고 있을 때는 마르크스의 저작 중에서 소련에 유리한 부분만을 공표하였기 때문이다. 소련 시절에는 출판되지 않은 원고나, 밝혀지지 않았던 미간행의 노트 등 여러 가지 자료가 나와서 다시 자유로운 연구가 진행되고 있다.

사이토 씨는 저서에서 '무한정한 이익 획득을 노리는 자본주의가 지구 환경과 사회의 모든 것을 파괴하고 있다'고 말하고 있다.

그런데도 선진국은 아직도 '코로나 사태로 무너진 경제를 어떻게 다시 일으킬 것인가'라는 논의에 몰두하고 있다. 사이토 씨는 'SDGs 따위는 언 발에 오줌 누기'라고 말하고 있다. 또 사이토 씨는 '더욱더 재활용하자'라든가, '상품 봉지를 유료화하자'와 같은 미온적인 대책으로는 자본주의의 문제를 해결할 수 없다고 생각하고 있다. 분노와도 같은 위기감 때문에 그는 "SDGs는 '대중의 아편'이다!"라는 도발적인 말을 서두에 제시한 것이다.

'포스트 자본주의'를 생각한다

'인신세'라는 말은 익숙하지 않은 단어인데, 이것은 노벨화학상을 받은 파울 그뤼첸이 제창한 말이다. 지질학적으로 현대를 포함하는 시대 구분을 인신세라는 신조어로 표현한 것이다. 즉, 인신세란 홍적세(洪積世)나 충적세(沖積世)라는 용어를 모방하여, 인류 경제활동의 흔적이 지구의 표면을 온통 뒤덮고 있는 바로 이 시대를 의미한다.

사이토 씨가 '생활에 필요한 것을 공공재로 하여 가능한 한 무상으로 또는 저렴하게 공급하면 사회가 풍요로워진다'고 말하는 '공동의 발상'은, 그 자신이 베를린에서 체험한 것으로부터 착안하였다고 한다. 저자가 그와 대담하면서 느낀 것은, 그의 발상이 코뮤니즘(공산주의)이 아니라 커뮤니티즘(공동체주의)을 기반으로 하고 있다는 사실이었다.

바르셀로나, 파리, 암스테르담에서는 시민참가형으로 수도와 철도, 전기를 재공영화(再公營化)하고, 시민을 위한 거리 조성이 시작되었다고 한다. 그리고 보니 지금 유럽에서는 하늘을 날아다니는 것, 즉 비행기를 타는 것은 수치스러운 일이라는 의식이 생겼다고 한다. 젊은이들을 중심으로 철도를 이용해서 여행하자는 움직임이 확산하고 있다. '삶의 방식'이나 '일하는 방식'을 다시 생각하려는 것이다.

지구온난화를 방지하기 위하여 각 개인이 손쉽게 할 수 있는 일은 CO_2를 대량으로 배출하는 교통수단을 이용하지 않는 것이다. 최악의 교통수단은 비행기이다. KLM네덜란드 항공은 '근거리는 비행기가 아닌 열차를 이용하라'고 권고하고 있다. 항공사가 비행기 대신 철도 이용을 주장하는 것 자체가 획기적인 발상이다.

격차나 빈곤의 문제는 전문가만이 분석하고 토론하는 주제가 아니다. 다시 한번 마르크스의 책을 읽어보는 것이 좋을지도 모른다.

🌐 중요한 것은 '교양의 기초 체력'

매일같이 TV에서 신종 코로나바이러스에 관한 뉴스가 전파를 타고 있었는데, 러시아가 우크라이나를 침공하는 바람에 화제가 온통 이 문제로 기울어졌다.

이제는 비로소 코로나바이러스가 어떤 것인지 알게 되었지만, 초기 단계에서는 아무것도 몰라 모두 불안해하였다. 불안하기 때문에 코로나에 관한 헛소문이 번져나갔다. 그러다가 백신이 등장하자 이번에는 백신을 둘러싼 음모론도 확산하였다.

예를 들면, 백신 속에 마이크로 칩이 들어 있어서 전 세계 사람들을 통제하려고 한다는 음모론이 그것이다. 이러한 헛소문이 마치 사실인 양 등장하였다. 그렇다면 마이크로 칩을 어떻게 백신 속에 집어넣는다는 말인가. 눈에 보이지 않을 정도로 작은 마이크로 칩을 개발한다면, 그 시점에서 세계적인 뉴스가 될 것이 틀림없다. 이러한 음모론에 좌지우지 되지 않는 상식적인 판단을 할 수 있어야 할 것이다.

아주 교묘한 유언비어도 있다. 이러한 헛소문이나 악의적인 선동에 휩쓸리지 않기 위해 필요한 것은 '교양의 기초 체력'이다.

코로나 사태를 극복하기 위하여 mRNA(메신저 리보핵산)를 사용하여 아주 짧은 시일에 백신을 개발하였다. 새로운 기술로 만든 백신이 나오자 불안감을 느끼는 사람들도 많았다. 그런데 이 mRNA 백신에 대해서도 백신을 접종하면 유전자 조직이 변형된다는 터무니없는 유언비어가 확산하였다.

고등학교 생물 교과서를 보면, 처음 부분에 'DNA'와 'RNA'에 관해서 설명하고 있다. mRNA는 '전령 RNA'이며, 어디까지나 유전정보를 전해주는 메신저라고 기술되어 있다.

학창 시절에 제대로 공부했다면 이해할 수 있는 것이다.

🌐 헛소문(가짜뉴스)의 출처는 러시아와 중국?

　백신에 관한 경계심을 초래한 것은 1998년에 영국의 어떤 의사가 날조 논문을 발표한 것이 계기가 되었다고 알려져 있다.

　'3종 혼합 백신'이라는 이름을 들어본 적이 있을 것이다. 마진(痲疹=홍역 M), 유행성 이하선염(M), 풍진(風疹 R)이라는 세 종류의 질병을 예방하기 위한 백신을 말한다. 머리글자를 따서 MMR 백신이라고 부른다. 이 백신이 자폐증의 원인이 될 가능성이 있다고 지적하는 논문을 영국의 의사가 의학 분야의 정평있는 학술잡지인 〈란세트〉에 게재하였다.

　그 의사는 3종 혼합 백신을 접종하지 않고 마진 단독의 백신을 접종하면 안전하다고 주장하였다. 그런데 사실은 이 의사가 이 논문을 발표하기 1년 전에 새로운 마진 단독 백신의 특허를 신청하였다. MMR 백신을 마진 단독의 백신으로 바꾸면 자기가 막대한 이익을 얻게 될 것이라는 속셈이었다. 사적인 이익을 위해서 이런 허위 논문을 발표한 것이다.

　이 논문이 발표된 이후 전 세계에서 백신 접종이 급감하고 마진 환자가 계속 증가하였다. 사람들이 이 논문을 신뢰한 이유는 3종 혼합 백신의 접종 시기가 생후 12개월부터 15개월 사이인데, 우연히 이 시기가 자폐증 증상이 나타나는 시기와 일치했기 때문이었다. 백신과 자폐증이 서로 인과관계에 있다고 오해하였다.

이번에 신종 코로나바이러스에 대해서는 백신을 접종하면 불임증이 생긴다는 유언비어가 확산되었다. 이러한 유언비어는 러시아와 중국에서 나왔다고 한다. 여기에서도 이 두 나라가 거론되고 있다.

2021년 4월 유럽연합은 러시아와 중국의 국영 미디어가 서방 국가들의 백신에 대한 불신감을 높이기 위해 이러한 가짜 정보를 흘려보냈다는 보고서를 발표하였다.

중러 양국이 자국산 코로나 백신이 너무나도 인기가 없었기 때문에 미국과 독일에서 제조된 백신의 신뢰성을 해치고 자국산 백신의 안전성을 호소하려는 의도였다고 한다.

물론 백신을 접종하든 말든 이것은 어디까지나 개인의 자유이지만, 그 중에는 가짜 정보를 사실이라고 받아들이는 사람들도 많은 것 같다. 백신은 무서운 것이라고 믿는 사람은 러시아와 중국의 정보 조작에 감쪽같이 속아 넘어간 것이다.

미주

1) 지속 가능한 개발 목표(Sustainable Development Goals)
2) 다른 작가나 감독에 대한 존경의 표시로 특정 대사나 장면 등을 인용하는 일.

제 **6** 장

역사의 여운(餘韻)을 밟는
지금의 일본은?

'30년간 월급이 오르지 않는다'는 이것은 나쁜 것인가

'일본은 점점 가난한 나라가 되고 있다.' 일본을 방문하는 외국인이 일본의 물가가 너무 싸서 놀랍다고 한다. 그런데 물가뿐만 아니라 임금도 이에 못지않게 싼 곳이 일본이다.

경제협력개발기구(OECD)가 공식적으로 발표한 세계의 평균 임금 데이터에 따르면, 2020년의 평균 임금 최고는 미국, 2위가 아이슬란드, 3위 룩셈부르크로 이어진다. 일본의 평균 연간수입은 35개국 가운데 22위였다. 이것은 주요 7개국 가운데 밑에서 2번째이다. 이웃 나라 한국은 19위였다.

1인당 명목GDP(국내총생산)에서도 일본은 2018년에 한국에 추월당했다. 이것은 국제통화기금(IMF)이 발표한 1인당 GDP이며, 2017년의 물가 수준을 기준으로 한 구매력 평가(PPP)에 의한 것이다.

일본은 지금 세계 제3위의 경제 대국인데, 선진국 가운데 임금이나 생산성이 최저 수준에 머물고 있다. 평균 연간수입도 1991년을 100으로 했을 때, 정체 상태이다. 거품이 붕괴한 후, 30년간 거의 임금이 오르지 않는 상태가 지속되고 있다.

이 때문에 지금 기시다 총리는 경제계에 '3% 임금 인상'을 요청하였다. 그러나 임금이 오르지 않는 것은 일본 특유의 이유도 있다.

예를 들면 미국 등은 경기가 나빠지면 간단히 종업원을 해고한다. 회사가 종업원을 해고하기 쉬운 구조이다. 이 결과 실업률이 높아질 수밖에 없는 것이다.

한국은 2018년에 최저 임금을 16.4%나 인상하였다. 따라서 임금 수준은 높아졌지만, 고용자 측에서 보면 코스트가 상승했기 때문에 종업원을 줄이게 되고, 따라서 실업률이 높아졌다.

전 세계 189개국 및 지역에서 '실업률'을 비교해 보면, 일본은 169번째로 실업률이 낮다. 따라서 단순히 평균 임금뿐만 아니라 실업률도 고려하여 비교하지 않으면 공평하지 않다는 생각이 든다. 한국은 평균 임금도 높지만, 실업률도 높다. 이에 반해 일본은 임금 인상보다는 고용을 중시하고 있다. 일본은 정(情)이 두터운 사회라고도 할 수 있다.

또 하나 지적할 것은 일본은 휴폐업도 적다는 점이다. 다시 말해 도산이 적기 때문에 라이벌이 많고, 임금도 오르지 않는다. 주먹구구식으로 하지 않는 대신에 활성화도 하지 않으며, 창업하는 사람도

일본만 급여가 오르지 않는가?

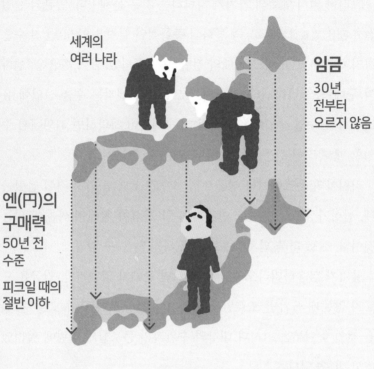

세계의
여러 나라

임금
30년
전부터
오르지 않음

**엔(円)의
구매력**
50년 전
수준

피크일 때의
절반 이하

러시아의
우크라이나 침공으로
석유와 소맥 가격
폭등

엔저에 의해서
수입품의 가격 상승

더블 펀치

적다. 이러한 분석도 가능하지 않을까.

그러나 역시 엔화의 가치가 하락하는 것은 문제이다. 일본의 실질실효환율(實質實效換率), 즉 통화의 종합적인 실력은 약 50년 전 수준까지 하락하였다. 피크일 때의 절반 이하가 되었다. 이 환율은 '엔화의 구매력'을 나타낸다. 일반적으로 말해서 엔저는 수출 산업에 유리하지만, 수입 산업에는 불리하다. 구매력이 하락하면 해외에서 수입할 때 가격이 한층 비싸지기 때문이다.

러시아의 우크라이나 침공으로 석유와 소맥(밀)의 가격이 올랐는데, 설상가상으로 엔저로 인해서 수입 가격이 훨씬 비싸지게 되는 것이다. 실로 더블 펀치(이중고)라고 하지 않을 수 없다.

물가가 상승하더라도 임금이 오르면 문제가 없겠지만, 임금은 오르지 않는데 물가만 오르면 곤란해진다. 앞으로 임금이 오를 수 있을 것인지 여부는 기시다 내각의 수완과 노동조합의 역량에 달려있다고 할 수 있다.

🌐 다나카 가쿠에이(田中角栄)는 '사회민주주의'였다

세계적으로 빈부 격차가 점점 커지고 있다. 평균 임금이 가장 높은 미국에서도 사회주의로 기우는 젊은이들이 증가하고 있다. 젊은 세대는 소련의 악몽을 알지 못하며, '사회주의'라는 낱말에 대한 이해가 이전과는 상당히 변했다.

2018년 선거에서는 현재의 신자유주의 미국 사회를 비판하는 샌더스가 상원에서 3선에 성공하였고, 하원에서는 뉴욕주의 알렉산드리아 오카시오 코르테스, 미시간주의 팔레스타인계 여성의원인 라시다 탈리브 등, 민주사회주의를 표방하는 인물들이 당선하였다.

유럽에서도 마찬가지였다. '자국 제1주의'와 '이민 반대'를 주장하는 과격한 우파 정당이 약진하는 한편, 독일에서는 사회민주당과 녹색당이 선전하였다. 세계 전체를 바라보면 일본 이외에는 사회민주주의 세력(좌파)이 힘을 뻗치고 있다.

그러나 생각해 보면 일본의 자민당에서도 기시다 총리가 이끄는 코치카이의 체질은 국제적 기준으로 보면 사회민주주의로 분류된다고 말할 수 있다. 특히 자민당의 다나카 가쿠에이[1]가 시행한 일련의 정책은 사회민주주의 그 자체였다. '복지 원년'을 슬로건으로 내걸고 사회보장을 충실화하였다. 일종의 선심 정책이라고도 볼 수 있겠지만, 연금을 중시하는 이러한 정책은 신자유주의적인 사고방식에서는 나올 수 없는 발상이었다. 연금도 의료비도 자기 책임으로 해결하는 미국은 공적인 사회보장제도가 불충분하므로 높은 빈곤율이 지속할수록 커다란 사회문제가 되고 있다.

🌐 자민당의 보수 본류인 '코치카이'는 무엇인가?

일본에서는 오랜만에 코치카이 출신의 총리가 탄생하였다. 2000년 대에는 줄곧 세이와카이(清和會)[2]계 총리가 계속되었기 때문에 정말 오랜만이라고 할 수 있다.

자민당이 장기 정권을 계속하고 있는 이유 가운데 하나는, 자민당 내에 여러 파벌이 있고, 이들 파벌이 경쟁하면서 당내의 의사(疑似) 정권 교체(파벌간의 정권 교체)를 이루기 때문이다. 다시 말해 자민당 내에 또 다른 정당이 존재하는 것과 같은 효과를 발휘하는 것이 파벌이다.

여기에서 자민당의 파벌의 흐름을 정리해 보기로 하자.

현재 자민당 내에는 여러 파벌이 존재하는데, 이러한 파벌들은 제2차 세계대전 패전 후 두 보수정당의 합종연횡 과정에서 형성되었다.

하나는 요시다 시게루(吉田茂)[3]가 총재였던 자유당의 흐름을 이어받은 파벌이며, 다른 하나는 하토야마 이치로(鳩山一郎)[4]가 이끌던 일본 민주당 계열의 파벌이다. 이 두 정당은 같은 보수이면서도 지향하는 자본주의에 대한 견해 차이로 대립하고 있었다.

그런데 그때까지 우파사회당과 좌파사회당으로 분열되어 있던 일본사회당이 다시 통합하자, 당세가 커진 사회당이 집권하여 일본

220

이 사회주의 국가가 될 것을 우려한 재계가 보수도 통합하라고 압력을 가하였다. 이리하여 1955년 11월 양당이 통합하여 지금의 자유민주당(자민당)이 탄생하였다. 이것을 보수 합동이라고 한다.

자유당의 요시다는 미·일안전보장조약(미·일 동맹)을 체결하여 미국에 일본의 안보를 위임함으로써 군사비 지출을 줄이고 경제 발전에 주력하였다. 또한 그는 사회보장의 내실에도 진력하였다. 요시다는 유능한 관료들을 유력한 정치인으로 양성하였으며, 보수 합동 후 자민당 내 요시다파의 원조가 되었다. 이 파벌 출신의 역대 총리는 이케다 하야토, 사토 에이사쿠(佐藤栄作)[5], 다나카 가쿠에이, 오히라 마사요시, 미야자와 기이치(宮澤喜一)[6]로 이어져 내려왔다.

한편, 일본 민주당의 하토야마는 헌법 개정과 재군비를 실현하여 강력한 군대를 보유할 것을 주장하였고, 사회보장은 각자 해결한다고 생각을 하고 있었다. 자민당 내에 하토야마파를 형성하였으며, 기시 노부스케, 후쿠다 다케오(福田赳夫)[7], 고이즈미 준이치로(小泉純一郎)[8], 아베 신조가 이 파벌의 흐름을 이어 총리를 역임하였다.

2021년에 실시된 자민당 총재 선거에는 기시다 후미오, 고노 다로(河野太郎), 다카이치 사나에(高市早苗), 노다 세이코(野田 聖子) 등 4명이 출마하였다. 이렇게 보면 기시다와 고노는 서로 대립하는 것처럼 보이지만, 두 사람 모두 요시다파를 이어받은 정치가이며(고노는 요시다의 외손자인 아소의 파벌, 즉 아소파에 소속), 다카이치는 기시의 외손자인 아베의 지원을 받고 있으므로 일본 민주당의 흐름을 이어 받고 있다. 노다는 어느 파벌에도 속하지 않고 있으나, 고이즈미가 총리 재직 당시 우정민영화(郵政民營化)에 반대하여 한때 자민당에서 축출되었기 때문에 고이즈미나 아베(세이와카이)와는 반대 입장을 가진 정치인이다.

⊕ '역사는 되풀이하지 않지만 여운(餘韻)을 밟는다'

아베 전 총리와 그의 뒤를 이어 아베 노선을 계승한 스가 전 총리는 강권 정치라는 비판을 받았으나, 기시다 총리는 강권 정치를 부인하고 국민의 소리를 듣는 자세를 견지할 것을 표명하였다. 일종의 세이와카이 비판이라고 할 수 있다.

기시다 총리의 이미지에서는 미국의 작가 마크 트웨인의 '역사는 되풀이되지 않지만 여운을 밟는다'라는 유명한 말이 생각난다. 다시 말해 과거의 역사를 그대로 되풀이하는 일은 없지만, 여운을 밟는 형태로 매우 비슷하게 일어난다는 의미이다.

기시다 정권이 탄생한 직후는 1960년대와 비슷한 현상이 일어났다. 1960년 기시 총리가 미·일 안보조약의 개정을 강행하려고 한데 대한 반발이 일어나, 데모대가 국회를 포위하였다. 이때 일본의 국론이 양분되고 말았다. 그러나 기시가 총리직을 사임한 후, 이케다가 총리가 되어 '국민소득 배증론'을 내세운 결과 일본 국내의 상황은 국론이 분단된 정치의 계절에서 경제의 계절로 일변하였다. 안보 소동에 의한 사회 불안을 경제 발전으로 불식시키고자 한 이 정책으로 국민의 마음을 사로잡은 것이다.

당시 제1야당은 사회당이었다. 사회당은 '국론 분열은 자민당이 초래한 것이다. 이제 임금 인상으로 풍요로운 삶을 누리자'라는 구호를 선거 슬로건으로 삼아 선거에 임하려고 하였다. 그러나 이케다에게 선수를 빼앗기고 말아 선거 결과는 자민당의 승리로 끝났다. 2021년의 중의원선거는 이때의 재판이라고 할 수 있을 것이다.

코치카이(지금의 기시다파)의 회장인 기시다 총리는 이케다를 참고하여 정국을 운영하는 것이다. 기시다는 새로운 자본주의의 실현을 목표로 내세우고 있다. 새로운 자본주의란 '신자유주의로부터의 탈피'를 의미한다. 다시 말해 신자유주의란 규제를 철폐하고 시장에 맡긴다는 사고방식이다.

일본은 오로지 구조개혁 노선을 추진하여, 노동자 파견법을 개정함으로써 비정규직 사원이 증가하였다. 격차가 확대되는 가운데, 아베 정권도 이 노선을 계승하였다. 스가 정권도 마찬가지였다. 특히 스가 총리는 '자조(自助), 공조(共助), 공조(公助)'라는 표현을 사용하였다. 최종적으로는 국가가 돕겠지만, 먼저 스스로 노력하라는 의미

코치카이의 기시다 총리가 목표로 하는 것

자유당

요시다
시게루

일본민주당

하토야마
이치로

자유민주당

코치카이
경제발전 우선
사회보장 충실

다나카
가쿠에이

역사는
되풀이
되지
않지만
여운을
밟는다

기시
노부스케

세이와카이
헌법개정
사회보장은 스스로

후쿠다
다케오

아베
신조

마야자와 기이치

신자유
주의로부터의
탈피

스가 요시히데

기시다
후미오

자민당 내의
의사
정권 교체

이며, 이것이 실로 신자유주의이다. 기시다 총리는 아베노믹스는 실패하였다고 생각하고 있기에 '분배 없는 성장은 없다'고 말하고 있다. 같은 당인데도 총재가 교체된 것만으로 정책이 완전히 바뀌었다. 바로 이것이 자민당이다.

자민당 내에서 세이와카이가 우편향(右偏向)이라면 코치카이는 중도이다. 진자(振子)가 너무 한쪽으로 쏠리면 반대쪽으로 움직이게 하여 균형을 잡듯이 자민당 내에서는 항상 이런 현상이 일어나 결과적으로 의사 정권 교체처럼 보이는 것이다. 즉, 아베에서 기시다로 바뀐 것은 세이와카이에서 코치카이로 자민당 내에서 의사 정권 교체가 일어난 것이다. 이처럼 자민당 내의 파벌이 정권 교체의 역할을 하기에 야당인 입헌민주당이 정권을 잡을 가능성이 점점 희박해지는 것이다.

🌐 일본유신회는 '일본을 변화시킬 야당'인가?

그러나 규제를 철폐하여 경제를 성장시켜야 한다는 신자유주의적인 사고방식을 가진 사람들 처지에서는 기시다 총리가 구태의연한 방식으로 되돌아가려고 한다고 반발한다.

이렇게 생각하는 전형적인 정당이 '일본유신회'(日本維新の會)이

다. 2021년에 치른 선거에서 일본유신회는 대약진하였다. 텃밭인 오사카에서는 자민당과 격돌한 15개 선거구에서 전승하였다. 유례 없는 일본유신회 열풍이 불어온 것이다.

일본유신회는 기시다 정권을 비판하고, '변화를 거부하는 자민당 은 더욱 개혁을 추진해야 한다'고 주장하며 자민당에 대해 적극적인 대립 자세를 취하였다. 일본유신회는 자민당의 세이와카이보다 더 우편향이며, 철저한 신자유주의를 지향하는 정당이다.

이번 선거에서 일본유신회가 대약진을 거둔 배경에는 낡은 정당 보다는 개혁 정당인 일본유신회가 일본 사회를 바꿀 것이라고 기대 하는 유권자가 대거 지지하였기 때문이다.

물론 오사카부 지사이며, 일본유신회 부대표인 요시무라 히로후 미(吉村洋文)의 인기도 큰 몫을 하였음이 틀림없다.

매일 기자회견을 하는 요시무라 지사는 1시간이든 2시간이든 질 문이 없을 때까지 회견을 계속한다. 또 기자회견 장면을 오사카 지 역의 민영 TV방송국이 중계하는데, 시청률이 높아서 일본유신회를 선전하는 효과가 있다.

그런데 사실 일본유신회 소속 의원 중에는 자민당이나 입헌민주 당의 공천을 받지 못해서 일본 유신당에 입당한 사람도 있으며, 또 당내에 갖가지 불상사도 계속 일어나고 있다. 부정한 돈에 관련되거 나 외설 행위, 차별 발언 등이 계속 일어나 일본유신회를 '불상사의 백화점'이라고 말하는 사람들도 있다. 그런데도 어쨌든 '일본유신회가 뭔가를 해줄 것이다'라는 이미지를 가진 것도 부정할 수 없다.

2022년 7월 참의원 선거가 예정되어 있는데, 일본유신회가 근거지인 오사카 이외의 지역에서도 당세를 확대할 수 있을지 주목된다[9]. 만약 선거에서 자민당이 승리하면 다음 참의원 선거는 3년 후에 시행되므로 기시다 총리가 중의원을 해산하지 않으면 3년 동안은 선거에 대한 걱정 없이 안정된 정권 운영이 가능해진다. 이것을 '황금의 3년간'이라고 하는데, 이제 기시다 총리는 아베 전 총리에게 신경 쓰지 않고 총리직을 수행할 수 있을 것이다.

🌐 소박한 의문, '연합'(連合)이 뭐야?

과거에는 자민당에 투표하고 싶지 않은 사람은 민주당에 투표하였는데, 민주당이 입헌민주당과 국민민주당으로 분열되는 바람에 복잡해지고 말았다. 이 두 정당 모두 노동조합의 지지를 받는 정당이기 때문에 조합원의 지지도 두 정당으로 분열되었다.

노동조합이란 노동자의 고용 유지, 임금 인상, 노동 조건의 개선 등 노동자의 대우 향상을 요구하는 조직이다.

2021년 일본 최대의 노동조합 중앙 조직인 연합(連合=일본 노동조합 총연합회)의 회장에 처음으로 여성이 취임하여 화제가 되었다. 전 회장인 고즈 리키오(神津里季生)의 후임으로 요시노 도모코(芳野友子)가 회장직을 이어 받았다. 노동조합은 노동자의 이익을 추구하는 조직인데, 요시노 회장은 자민당과 가깝다는 소문도 들리고 있다.

일본의 노동조합 역사를 되돌아보면, 제2차 세계대전 직후는 노동조합이 과격화한 시기였다. 패전 후 GHQ(연합국 총사령부)의 전후 개혁의 일환으로 '노동조합법'이 제정되어, 폐허와 기아 속에서 빈곤에 허덕이는 가운데 노동조합 운동이 활기를 띠면서 파업이 일어나고 있다.

그러나 이러한 과격한 노동조합 운동을 우려한 사람들이 온건한 노동조합을 목표로 '총평'(總評=일본 노동조합 총평의회)을 결성하였다. 그후 총평은 점차로 좌경화되어 미·일 안보 반대 운동의 핵심이 되었다.

이러한 상황에서 노동조합이 회사와 대립하여 파업을 일삼는 것은 오히려 노동자들에게 불이익을 초래한다고 생각하는 사람들이 경영자에게 우호적인 새로운 노동조합을 결성하려는 움직임이 나타났다. 이것을 두 번째로 조직된 노동조합이라는 의미에서 '제2조합'이라고 한다. 나쁘게 말하면 '어용 조합'이라고 할 수 있다. 즉, 회사와 대립하지 않고 노사협조노선을 추구하는 노동조합인 것이다. 회사로부터 지원을 받은 제2조합원들은 출세의 탄탄대로를 걷게 된다. 이러한 노동조합이 결성한 것이 '동맹'(同盟=전 일본 노동 총동맹)이다. 동맹은 총평으로부터 분열되어 격렬하게 대립하였다.

총평은 자치로(自治勞)[10]와 일교조(日敎組)[11]와 같은 관공청(官公廳)의 노조가 중심이며, 동맹은 자동차, 전력, 섬유 등 민간노조가 중심이었다. 총평은 사회당을 지지하지만, 동맹이 지지한 정당은 사회당에서 분열한 중도우파인 민사당이었다.

이 무렵에는 '오른쪽에 자민당, 왼쪽에 사회당이 있다면 한가운데에는 민사당이 있다'는 말이 유행하였다. 당시에는 취직 면접에서 반드시 지지 정당을 묻는 말이 있었다. 지금은 상상할 수도 없는 일이었다. 이 질문을 받고 자민당이라고 대답하면 '젊은 사람이 보수적이다'라는 평을 받았다. 반대로 사회당이나 공산당이라고 대답하면 '좌익은 곤란하다' 하여 채용되지 않았다. 무난하게 민사당이라고 대답하는 것이 취업에 유리하였다. 그때는 그런 분위기가 있었던 시절이었다.

이처럼 오랫동안 총평과 동맹이라는 양대 노동조합이 존재하였는데, 이 두 조직이 결합하여 영향력이 큰 노동조합을 결성하자는 움직임이 나타나 1989년 연합이 출범하였다. '총평'과 '동맹'이 결합하였으므로 '연합'이라고 불리게 되었다. 관민의 노동조합도 일체화되었다. 이러한 노동조합 운동의 개편이 원동력이 되어 1993년 비자민 정권인 호소카와 모리히로(細川護熙)[12] 총리가 탄생하였다.

🌐 이제 정권 교체는 불가능한 것인가

그러나 공산당 계열의 노동조합은 연합을 비판하고 별도로 '전로련'(全勞連=전국 노동조합 총연합)을 결성하였다. 이 때문에 연합과 공산당은 지금도 관계가 험악하다.

연합 최초의 여성 회장이 된 요시노는 JUKI라는 미싱 메이커의 노동조합 출신이며, 구 동맹 계열의 인물이다. 따라서 공산당에게는 비판적인 태도를 보인다.

입헌민주당은 '정권을 탈취하기 위해서는 다른 야당과의 공동투쟁이 필요하다'는 명분을 내세우며 입장의 차이를 뛰어넘어 공산당과 선거 협력을 시도하고 있으나, 국민민주당이 이에 반발하고 있다. 야당의 단결은 요원한 일이다.

지난 선거에서는 '입헌공산당'이라는 비웃음이 나올 정도여서 자민당도 이것을 공격 재료로 삼아 '입헌민주당은 공산혁명을 지지하는 세력이므로 야당 공조에 투표하지 말 것'을 유권자들에게 호소하였다.

야당 공조가 필요한 것은 선거제도의 문제점이다. 중의원의 선거제도는 소선거구비례대표병립제이다. 소선거구에서는 한 선거구에서 한 명만 당선되기 때문에 야당이 서로 협력하여 후보자를 단일화하지 않으면 정권 교체는 불가능하다. 참의원 선거에서도 정수 1명인 1인 선거구가 열쇠를 쥐고 있다. 자민당은 입장의 차이를 뛰어넘어 공명당과 협력하고 있다. 야당의 제휴가 진행되지 않는 가운데 자민당과 공명당은 선거에 이기기 위하여 훌륭히 협력하고 있다.

🌐 경영자가 힘을 갖는 나라로 복귀

자민당이 선거에서 계속 승리하는 이유는 야당이 너무 허약하기 때문이다.

자민당은 지방의원도 많으며, 후원회도 있어서 두터운 지지 기반이 형성되어 있다. 47도도부현(都道府縣)에 자민당 지부의 합동조직이 있으며, 이들이 선거 포스터를 붙이거나, 연설회장에 사람들을 끌어모으기도 한다. 이것이 강력한 힘이 되는 것이다. 노동조합을 제외하고, 의사회나 농협 등은 거의 자민당 지지층이다. 공명당도 선거 시에는 창가학회(創價學會)13)의 회원들이 공명당 득표 활동을 한다. 자민당과 공명당 모두 조직표가 기반이며, 이 두 정당이 협력하여 선거에 임하고 있다.

이에 반해서, 야당 후보 중에는 연합의 지원을 받지 못하면 선거 자체를 할 수 없는 후보가 상당히 많다.

더구나 최근에는 조합원이 점차 줄어들고 있으며, 비정규직 고용

의 비율이 증가하여 노동조합에 가입하지 않는 노동자도 증가 추
세이다.

그러나 이러한 상황에서는 노동자들의 목소리가 정치에 반영되
기 어렵다. 당연한 말이지만 연합은 가능한 한 많은 노동자의 목소
리를 대변하는 조직이다. 극히 일부의, 예를 들면 경단련(經團連=전
국 경제단체 연합회)14)에 가입한 대기업의 노동자만의 대변자가 아니
다. 노동 문제의 중요성이 높아질 수밖에 없는 현실이다. 일본 노동
자의 임금이 30년 동안이나 오르지 않는 상황에서 앞으로 연합이
더욱 분발하지 않으면 안될 것이다.

🌐 우노 소스케 전 총리와 〈선데이 마이니치〉

최근 몇년 전부터 한국과 일본은 물론, 미국과 유럽 등 세계 각지
에서 여성에 대한 성희롱 또는 성추행 사건이 자주 일어나 사회적
으로 큰 문제가 되고 있다. 과거와는 달리 여성들의 사회 진출이 눈
에 뜨게 늘어나 남녀가 한 직장 또는 한 공간에서 자주 접촉하게 됨
에 따라 이러한 불상사가 끊이지 않고 있다.

특히 일부 유명 여성 인사들이 몇십 년 전에 어떤 특정 남성에게
당했던 성추행을 폭로하여 법정 다툼으로 이어지는 경우도 비일비

재하다. 이른바 '미투'(me too)운동이다.

그런데 일본에서는 30여 년 전에 여성 문제와 관련하여 총리직을 사임한 정치인이 있었다. 우노 소스케(宇野宗祐) 전 총리가 그 주인공이다.

다케시타 노보루(竹下登)[15] 총리 시절인 1988년 리쿠르트 사건이 발각되어 일본 정계에 큰 파문을 일으켰다. 이 사건은 정보산업회사인 리쿠르트사가 다케시타 총리 등 유력 정치인들에게 자사의 미공개 주식을 싸게 양도하여 공개 후에 부당한 이익을 보게 한 사건으로 일본 최대의 정치 스캔들이다. 이 사건으로 다케시타 내각은 총사퇴하였다.

다케시타 총리가 사임한 후 자민당에서는 돈 문제에는 비교적 깨끗한 우노를 후임 총리로 천거하여 1989년 6월 총리에 취임하였다.

자민당으로서는 청렴한 우노를 내세워 당의 이미지를 쇄신하려는 의도였는데, 뜻하지 않은 악재가 발생하여 오히려 큰 위기에 직면하게 되었다. 즉, 주간지인 〈선데이 마이니치〉(每日)에서, 우노가 몇십 년 전 소장 의원 시절에 어떤 여성과 불륜관계였다는 것을 폭로하는 기사를 게재하였다.

일본의 역사를 보면 오래전부터 여성 문제에는 비교적 관대한 편이었으나, 제1야당인 사회당이 이문제를 호재로 삼아 강력하게 정부를 공격함으로 결국 우노는 총리 취임 후 두 달 남짓 지난 8월 총

리를 사임하였다. 이후 일본에서 정치인의 여성 문제가 큰 이슈로 등장하게 되었다.[16)]

사실 우노는 시인으로 자작집도 출간하는 등 상당한 교양 수준을 갖춘 문인 정치가였다. 일본 사회에서 정치인의 여성 문제가 비판받기 시작한 것은 이때부터 였다. 최근의 미투 운동을 보면서 문득 당시의 에피소드를 소개해 보았다.

🌐 가이후 도시키 전 총리와 걸프전쟁

지난 2022년 1월 9일 가이후 도시키(海部俊樹) 전 총리가 91세를 일기로 사망하였다. 가이후 전 총리는 우노 전 총리에 이어 1989년 6월 총리에 취임하였다. 1989년은 베를린 장벽이 무너지고 동서 냉전이 종식된 격동의 시대였으며, 중국에서도 천안문 사건[17)]이 발생하였다. 일본도 연호가 쇼와(昭和)에서 헤이세이(平成)으로 바뀐 해이다.

가이후 총리 재임 시 세계적인 대사건이 발생하였는데, 바로 걸프전쟁이 그것이다. 1990년 8월 이라크의 후세인 대통령이 쿠웨이트를 침공한 것을 계기로 1991년 1월 17일 미국을 비롯한 다국적군이 이라크를 공격하여 걸프전쟁이 발발하였다. 이 전쟁은 미국이 압도적인 화력을 바탕으로 이라크를 제압하여 불과 10여 일 후인 2월 28일 전쟁이 종식되었다. 이 전쟁의 진행 과정은 TV를 통하여 세계 각국의 안방까지 중계되어 마치 컴퓨터 게임을 보는 듯한 착각을 불러 일으키기도 하였다.

그런데, 미국이 일본 정부에게 다국적군의 일원으로 자위대를 파견할 것을 요구하였다. 물론, 평화헌법을 갖고 있는 일본은 자위대의 해외 파병이 불가능하였기 때문에 미국의 요구를 거부하고 대신 130억 달러라는 막대한 금액을 전쟁 비용으로 제공하였다.

걸프전쟁이 끝난 후 쿠웨이트 정부는 워싱턴 포스트를 비롯한 세계의 유력 신문에 자국을 지원해준 나라들에게 감사하는 광고를 내었다. 그 광고에는 걸프전쟁에 참여한 모든 나라들의 이름이 직접 실려 있었다. 그러나 막대한 전쟁 비용을 부담한 일본의 이름은 어떤 광고에도 언급되지 않았다.

일본국민은 큰 충격을 받았다. 그리고 깨달았다. 국제사회에 공헌한다는 것은 단순히 돈으로 하는 것이 아니라 인적 자원이라는 사실을. 이러한 교훈을 바탕으로 1992년 6월 일본 국회에서 PKO(Peace Keeping Operation, 평화유지활동)법안이 성립되어 자위대가 사상 처음으로 캄보디아에 파견되었다.

가이후 총리는 PKO법안이 성립되기 전 1991년 11월에 총리직에서 사임하였다.

🌐 우크라이나 문제는 타이완 문제 - '타이완 침공'은 있을까

지금까지 일본 국내의 상황을 알아보았는데, 다시 해외로 눈을 돌려 보기로 한다.

러시아의 우크라이나 침공은 중국이 타이완 문제와도 관계가 있다. 타이완은 일본의 가장 서쪽에 있는 오키나와현의 요나쿠니섬에서 약 111Km밖에 떨어져 있지 않으며, 타이완의 유사시에 일본도 적지 않은 영향을 받을 것이다.

2021년 10월, 러시아와 중국의 함대가 쓰가루 해협을 통과하였다. 양국이 합동으로 순항하며 군사 훈련을 실시한 것이다.

우크라이나를 침공한 러시아의 상황을 시진핑은 어떻게 보고 있는 것일까. 타이완의 유사시에 미국은 어떻게 대응할 것인가. 일본도 신경이 쓰이는 문제이다.

시진핑은 미국의 대응을 주시하고 있을 것이다. 러시아가 우크라이나를 침공했을 때 미국이 러시아에 대하여 어느 정도로 강경한 태도를 보일 것인가. 그러나 중국이 타이완을 공격하지는 않을 것이다. 중국이 타이완을 군사적으로 침공하면 틀림없이 전쟁이 일어날 것이기 때문이다.

우크라이나는 NATO에 가입하지 않았기 때문에 미국은 직접 개입은 할 수 없을 것이다. 그러나 타이완에 관해서는 미국에 '타이완

관계법'이 있다. 이것은 타이완과의 관계를 규정한 미국의 법률이며, '미국은 타이완 방위를 위해서 무기를 제공하며, 타이완 주민의 안전을 위해 적절한 행동을 취하지 않으면 안된다'라고 규정되어 있다. 중국의 무력 침공에 대해서 미국의 방위 의무는 정해져 있지 않지만, 군사 개입의 여지는 얼마든지 있다.

타이완이 중국의 공격을 받으면 미국이 타이완을 방위할 것이며, 그럴 경우 중국도 큰 타격을 입게 된다는 것을 중국 스스로도 잘 알고 있다. 따라서 중국은 손자병법을 생각할 것이다. 다시 말해 중국은 싸우지 않고 승리할 방법을 강구하고 있는 것이다. 중국은 타이완에 대한 위협을 그치지 않고 있다. 계속 위협함으로써 타이완 내부에서 중국과의 관계 개선을 주장하는 세력이 증가할 것을 기대하고 있다.

🌐 우크라이나 위기로 폭로된 '테러에 약한 원전'

우크라이나에 침공한 러시아군이 체르노빌 원자력발전소를 점거하였다. 이러한 사실은 원전이 리스크가 될 수 있음을 실감케 하였다.

일본은 바다를 따라서 많은 원전이 있다. 원전은 안전보장에 관계된다고 다시 한번 생각하고 있던 차에 2022년 3월 16일 밤, 마야

기현과 후쿠시마현에서 진도 6의 강진이 발생하였다. 도쿄에서도 꽤 진동을 느꼈는데, 후쿠시마의 원전에서는 냉각 기능이 일시 정지하였다고 한다. 지진이 많은 일본의 원자력발전소는 테러와 지진이라는 두 가지 리스크를 안고 있는 것이다.

그럼에도 불구하고 우크라이나 사태로 말미암아 에너지 가격이 폭등하자 역시 원전은 필요하다는 주장이 나오고 있다. 유럽에서는 독일이 탈원전을 내세우고 있는데 반해, 프랑스에서는 클린 에너지는 원자력 발전 밖에 없다는 생각을 바탕으로 원전 증설 계획을 발표하는 등 원자력 정책을 전환하였다.

현재 대부분의 전력을 화력발전에 의존하고 있는 일본도 '탈탄소'를 달성하기 위하여 현존하는 원전을 가동하면서, 필요하다면 지금의 부지(敷地) 내에 새로운 원전 건물을 세운다는 방안이 논의되고 있다.

에너지 문제의 해결책이 원전 밖에는 없는지 재고하지 않을 수 없는 현실이다.

2009년 당시의 하토야마 유키오 총리는 뉴욕에서 개최된 UN 기후변동 정상회의에서 온실효과 가스의 25% 삭감 구상을 발표하여 갈채를 받았다. 사실 이 구상에는 앞으로 원전을 많이 건설하여 이산화탄소를 줄인다는 전제가 있었다. 세계가 보조를 맞춘다면 일본도 원전을 건설하겠다는 의미였다. 그런데 25% 삭감을 강조하는 바

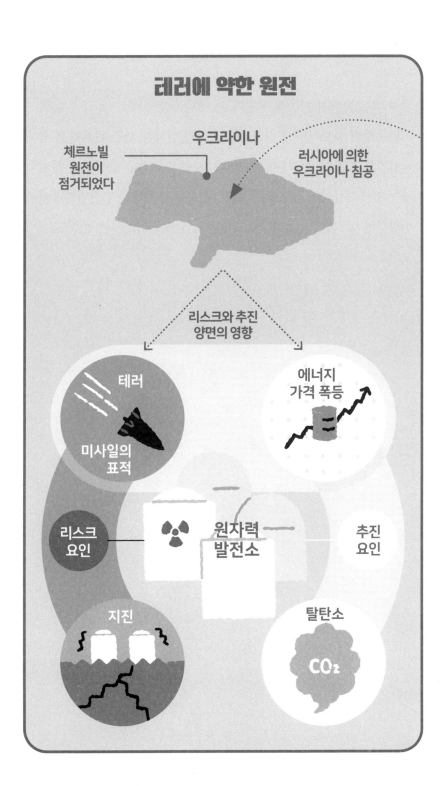

람에 '하토야마가 허풍을 떨었다'는 비난을 받았다.

　민주당의 하토야마 총리가 원전을 추진한다는 것은 의외라고 생각할지도 모른다. 한 가지 덧붙인다면, 원전 건설을 추진하고 싶어 하는 전력회사의 노동조합은 '원전 제로'를 주장하는 입헌민주당에 반발하여 국민민주당을 후원하고 있다.

미주

1) 1972년 7월부터 1974년 12월까지 총리를 역임한 일본의 유력한 정치가. 초등학교 졸업이 학력의 전부이지만, 총리직까지 오른 입지전적인 인물이다. 재임 중 중화인민공화국과의 국교를 정상화하였다.

2) 자민당 내의 최대 파벌. 정식 명칭은 세이와(淸和)정책연구회이며, 자민당 파벌 가운데 가장 우파적인 파벌이다. 호소다 히로유키(細田博之) 전 관방장관(현 중의원 의장)이 회장을 맡아 호소다파로 불렸으나, 아베 신조 전 총리가 회장을 이어받았다.

3) 외교관 출신의 정치가로, 태평양전쟁 패전 후 연합국의 일본 점령 시기에 약 7년 간 (1946년 5월~1947년 5월 및 1948년 10월~1954년 12월) 총리를 역임하였다.

4) 정당인 출신의 정치가이며, 요시다의 뒤를 이어 1954년 12월부터 1956년 12월까지 총리를 역임하였으며, 재임 중 소련과의 국교를 정상화하였다.

5) 관료 출신 정치가로 이케다의 뒤를 이어 1964년 11월부터 1972년 7월까지 약 8년 간 총리를 역임하였다. 재임 중 1965년 한일국교 정상화를 이루었다.

6) 경제 관료 출신의 정치가로 1991년 11월부터 1993년 8월까지 총리를 역임하였다.

7) 경제 관료 출신의 정치가로 1976년 12월부터 1978년 12월까지 총리를 역임하였다. 사토의 후계를 둘러싸고 다나카와 치열한 경쟁(통칭 가쿠-후쿠 전쟁)을 벌였다. 총리 재임 중 덩샤오핑이 일본을 방문하여 중일 평화우호조약을 체결하는 성과를 남겼다.

8) 2001년 4월부터 2006년 9월까지 총리를 역임하였다. 총리 재임 중 야스쿠니 신사를 참배하여 한국 및 중국과 외교 갈등을 빚었으나 내정 면에서는 우정 민영화를 단행하는 성과를 이루었다.

9) 2022년 7월 10일 실시된 제26회 참의원 선거 결과 집권 여당인 자민당과 공명당 연립 내각이 압승한 가운데, 일본유신회는 당선자가 선거 전보다 6명 증가하여 21명이 되었다.

10) 지방자치단체의 직원들이 결성한 노동조합. 정식 명칭은 전 일본 자치단체 노동조합.

11) 정식 명칭은 일본 교직원조합이며, 좌파적 성향이 강하다. 우리의 전교조와 유사한 단체.

12) 1993년 7월 실시된 중의원선거에서 자민당이 창당 이래 처음으로 과반수 획득에 실패하고, 8월 호소카와가 이끄는 일본 신당이 6개 군소정당과 규합하여 총리직에 올랐다.

13) 공명당의 모태인 종교법인.

14) 우리의 전경련(전국 경제인 연합회)과 같은 경제단체

15) 1987년 11월부터 1989년 6월까지 총리를 지낸 정치인. 1987년 당시 자민당 내 최대 실력자인 다나카 가쿠에이와 결별하고 신파벌인 게이세이카이(經世會)를 결성하였다. 총리 사임 후에도 자민당에 내에 큰 영향력을 발휘하였다.

16) 당시 사회당은 일본 역사상 최초로 여성 정치가인 도이 다카코(土井たか二)가 당수로 취임하여 국민적 인기가 높아졌다. 이러한 인기를 바탕으로 집권에 대한 기대감에 부푼 사회당은 여성 당수를 중심으로 자민당의 여성 스캔들을 집요하게 공격하여 마침내 우노 내각을 총사퇴로 몰아갔다.

17) 1989년 6월 4일, 중국에서 정치 민주화와 빈부 격차 해소를 요구하며 수십만 명의 학생, 노동자, 시민들이 함께 항거한 대규모 시위 사건. 덩샤오핑이 계엄령을 선포하고 무력으로 진압하여 수많은 사상자가 나왔으며, 세계적으로 크게 비난받았다. 이때 해외로 망명한 사람들 중 일부는 지금도 반중운동에 진력하고 있다. 이 사건에 충격을 받은 중국 정부는 해마다 6월 4일이 다가오면 소요사태를 대비하여 전국에 삼엄한 비상태세를 구축하고 있다.

에필로그

미래를 알려면
미래를 만들어야 한다

🌐 역사의 전환점에서 일본은 어떻게 행동할 것인가?

이 책에서는 2022년의 세계적인 대문제로서 러시아의 우크라이나 침공 문제에 많은 분량을 할애하였다. 작년의 세계적 대문제는 신종 코로나바이러스였다. 21세기에 들어선 지 20여 년이 지난 지금, 설마 이러한 문제들을 목격하리라고는 상상도 못했기 때문에 경악스러움과 함께 무력감에 빠져 있는 것이 현실이다. 민간인들의 희생자가 나날이 늘어나고 있는 상황이 안타깝기만 하다.

이러한 크나큰 역사의 전환점에서 일본은 어떻게 행동해야 할 것인가. 기시다 총리는 G7 국가들과 보조를 맞추는 형태로 러시아에 대한 제재를 강화하고 있다. 러시아에 의한 우크라이나 군사 침공을 '역사에 기록될 극악무도한 행위'라고 준엄하게 비난하고, 무역상의 우대 조치 등을 보장하는 '최혜국 대우'를 철회하였다.

이러한 일본 정부의 자세는 2014년에 러시아가 우크라이나 남부의 크림반도를 강제적으로 병합했을 때와는 상당히 다르다. 당시 세계 각국이 러시아에 대해 엄격한 경제 제재를 시행하는 가운데 일본만은 서구에 동조하지 않고 거의 영향력이 없는 형식적인 제재에 머물렀다. 당시의 아베 총리가 러시아와의 북방영토[1] 교섭이 진전되기를 외교의 중요한 정책으로 추진하였기 때문이다.

그러나 지금은 일본 정부가 강경한 자세를 취함에 따라 러시아가 이에 반발하면서 북방영토 문제를 포함한 일러 양국 간의 평화조약 체결 교섭이 당분간은 동결될 것으로 전망된다.

일본으로서는 곤란한 상황일 수도 있지만, 지금은 일본이 미국과 확고한 상호 협력을 견지하고 있음을 보여주는 것이 중요한 시기이다. 일본과 미국의 관계에 균열이 생기면 이 틈을 파고드는 세력이 반드시 나타날 것이다. 한국과 일본의 관계도 이와 다르지 않다. 한일관계가 지금과 같은 냉랭한 상태에서 벗어나지 못하면 누군가는 이 틈에도 끼어들 것이기 때문이다.

한국에서는 2022년 3월의 대통령 선거에서 '전후 최악의 한일관계 복원'을 공약으로 내건 보수계의 윤석열 후보가 당선되었다. 한미일 3국 동맹이 확고하게 기능을 발휘하는 것이야말로 중국에게는 물론, 북한에게도 가장 확실한 견제가 되는 것이다.

🌐 유럽은 과거의 실패를 상기

유럽도 지금 난처한 상황에 처해 있다. 천연가스 총수입량의 45%와 원유 27%를 러시아에 의존하고 있기 때문이다. 에너지 위기가 점점 심각해지고 있다.

그러나 최근 유럽의 정치가들은 과거의 실패를 되새기고 있다.

1933년 독일에서 정권을 장악한 히틀러는 1938년 '게르만 민족의 통합'을 명분으로 오스트리아를 병합하였고, 같은 해 체코슬로바키아에도 손을 뻗쳤다. 당시 체코슬로바키아 북부의 수데텐 지방에 다수의 독일인이 거주하고 있음을 핑계 삼아 할양을 요구하였다.

유럽은 히틀러의 이러한 요구에 대응하기 위하여 영국, 프랑스, 독일, 이탈리아 4개국이 모인 '뮌헨회담'을 열었다.

독일의 요구를 수락하지 않으면 독일군의 침략을 초래하리라 생각한 영국의 당시 아서 네빌 체임벌린 총리(윈스턴 처칠의 전임자)는 더 이상 영토 확대를 시도하지 않는다는 조건으로 히틀러와 타협하여 수데텐 지방을 독일에 넘겨주는 것을 용인하고 말았다.

그러나 이러한 유화정책은 효과를 거두지 못했다. 다음 해 독일은 체코를 '보호령'으로 삼고, 슬로바키아를 '보호국'으로 분할하였다. 히틀러는 이렇게 체코슬로바키아를 해체하였을 뿐만 아니라 폴란드에도 침공하여 제2차 세계대전을 일으켰다.

이러한 역사적 과오가 지금의 유럽 정치가들에게는 트라우마가 되어 있다. 따라서 러시아의 요구를 받아들이지 않기 위해 NATO가 협력하여 러시아에 대한 강경 자세를 견지하고 있다.

'역사는 되풀이하지 않지만, 여운을 밟는다.' 우리는 지금 틀림없이 '여운을 밟는다'는 것을 목격할 수 있다.

🌐 학력 중시 사회의 한 단면 - 일본의 경우

여기서 잠시 학력 중시가 사회에 끼치는 영향을 최근 일본에서 일어난 충격적인 사건을 예로 들어 설명해 보기로 하자. 대학입학 시험 첫날인 2022년 1월 15일, 시험이 실시되고 있는 도쿄대학 앞에서 살인미수사건이 발생하였다.

범인은 나고야시의 한 사립고등학교 2학년 학생이었다. 그는 미리 준비해온 흉기로 수험생 3명을 찔러 큰 부상을 입히고 현장에서 체포되었다. 언론 보도에 의하면 장래 희망이 의사가 되는 것이라고 밝힌 이 학생은 도쿄대학 의학부를 목표로 수험 준비를 해왔는데, 1년 전부터 성적이 떨어져 자신감을 잃고 있었다고 한다. 도쿄대학에 응시하는 수험생들에게 대한 일종의 질투심에서 비롯된 범행이라고 짐작된다.

이 학생이 다니는 사립고는 학생들의 자주성을 존중하는 특징있는 교육으로 알려져 있으며, 대학 진학에도 좋은 성과를 내는 명문고이다. 나름대로 공부를 잘한다고 생각한 이 학생은 오로지 최상위권인 도쿄대학 의학부만을 목표로 하고 있었는데, 최근에 들어 성적 때문에 고민 중이었다고 한다.

의사가 되는 길은 반드시 도쿄대학 의학부를 나와야만 하는 것은 아니다. 일본에는 뛰어난 의학부를 갖고 있는 대학이 얼마든지 있다. 그러나 주변에서 다른 대학을 권유해도 그의 귀에는 들리지 않았고, 그의 머리 속은 온통 '도쿄대'로 가득 차 있었다. 충격적인 이 사건의 배경에는 '학력 신앙'이 똬리를 틀고 있으며, 이러한 학력 신앙을 부추기고 조장하는 것은 바로 매스컴이라고 생각한다.

🌐 학력 중시 사회의 한 단면 – 미국의 경우

이러한 학력 중시 현상은 비단 일본 뿐만이 아니라 한국도 다르지 않으며, 또 중국이나 여타 다른 나라들도 마찬가지이다. 미국도 예외는 아니다.

수천 개의 대학교가 있는 미국에는 각 주마다 명문 주립대가 많다. 따라서 반드시 하버드나 예일, 또는 스탠포드 같은 일류대 출신이 아니더라도 얼마든지 미국 사회에서 유능한 역할을 할 수 있다.

그런데 이러한 미국인들의 가치관에 변화가 생기기 시작하였다. 『US 뉴스 & 월드 리포트』라는 잡지가 1983년부터 미국 대학교의 랭킹을 발표했기 때문이었다. 원래 주간지였던 이 잡지는 경영 부진에 빠져 회사 존립이 위태로워지자 주간지 발행을 그만두고 대학의 랭킹 발표를 판매 전략으로 전환하였다. 예를 들어, 의학은 ○○대학, 경제는 ◎◎대학하는 식으로 분야별로 순위매김하여 판매하였다. 이것이 화제가 되어 나는듯이 팔려나갔고, 이에 따라 하바드대학이나 스탠포드대학 지원자가 폭발적으로 증가하였다.

해를 거듭하면서 대학의 학문적 수준뿐만 아니라 학교의 시설이라든가 졸업생의 기부 현황 등도 대학의 랭킹 평가 기준에 포함되었고, 이러한 상황에서 각 대학들도 높은 순위를 차지하기 위하여 시설 확충에 많은 투자를 하게 되었다.

결과적으로 각 대학의 학비는 점점 인상되었고, 높은 학비를 감당할 수 없는 학생들은 대출을 통하여 학비를 마련하는 등 생활고에 시달리게 되었다. 사익에 눈이 먼 『US 뉴스 & 월드 리포트』가 미국 사회에 끼친 큰 과오가 아닐 수 없다.

일본의 경우이든 미국의 경우이든, 일류대학만이 인생의 목적은 아니며, 자기의 삶을 열어가는 것은 출신 대학과는 상관없이 스스로의 노력으로 이루어진다는 것을 명심하기 바란다.

🌐 현실감 넘치는 입시 문제

　최근 일본의 각급 학교의 입시 문제를 보면 국내외적으로 현재 진행 중인 시사적인 문제가 눈에 띄는 경우가 있다. 그 중에서도 획기적인 것은 아자부 중학교의 입시 문제였다.

　도쿄 시내 한국대사관 인근에 위치하고 있는 아자부중학교는 명문 사립중학교이다. 이 학교의 2022학년도 입시 사회과 문제가 특히 주목을 끌었다. 사회과목의 모든 문제가 국제적인 이슈 가운데 하나인 난민에 관한 문제였다. 예를 들면, '난민의 정의는 무엇인가'라든가, '편의점에 외국인 종업원이 많은 이유는 무엇인가', 또는 '일본에서 난민 신청이 좀처럼 인정되지 않는 이유는 무엇인가' 따위였다. 초등학교 6학년 학생을 대상으로 하는 문제라고는 생각되지 않을 정도로 하이 레벨의 문제였다. 아마 성인들이라도 대답하기 힘든 문제가 아니었을까 생각한다.

　2022학년도 대학입학 공통테스트 수학 I 문제는 지형의 측량에 관한 문제였다. 2018년 일본 방위성이 북한의 미사일을 요격하기 위하여 이지스 어쇼어[2]를 배치할 계획을 세웠는데, 방위성이 선정한 장소가 민간 생활권에 너무 근접하여 주민들이 반발한 일이 있었다. 이때 방위성이 계산 착오였음이 나중에 밝혀졌는데, 당시의 지형도를 제시하고 어떤 계산 착오가 있었는지를 묻는 문제였다. 참고로 일본 정부는 2020년 6월 이지스 어쇼어 도입 중단을 발표하였다.

2021학년도 대학입학 공통테스트 생물기초과목 문제는 화이자와 모더나 백신에 사용된 mRNA의 성능에 관한 문제였다.

이처럼 최근에 뉴스에서 많이 접하는 사건이 입시 문제로 다루어진 것은 학창 시절에 배운 지식이 사회에 나와서도 도움이 된다는 것을 강조하려는 의도가 아닌가 생각된다.

포스트 코로나 시대를 어떻게 살 것인가?

우리에게는 제대로 된 교양이 중요하다는 것을 곰곰이 생각하고 있다.

날마다 가짜 정보가 횡행하고 있다. AI(인공지능)를 사용하여 교묘한 거짓 동화(動畫)를 만든, '딥 페이크'(Deep Fake)[3] 화상(畫像)이라는 것도 떠돌고 있다. 우크라이나의 젤렌스키 대통령이 러시아에 항복을 발표하는 것처럼 보이게 하는 딥 페이크 화상(가짜 화상)이 확산되어 소동을 일으키기도 하였다.

백신을 둘러싼 음모론 역시 마찬가지이다. 미국 내에서는 백신을 둘러싼 갖가지 헛소문 가운데 65%가 겨우 열두 사람이 퍼뜨린 것

전하는 것, 받아들이는 것 –
페이크 뉴스와의 씨름

헛소문
음모론

딥페이크
동화

거짓을 알아차리기 위해서는
제대로 된
교양이 중요

이라고 밝혀졌다. '백신은 위험하다'라는 말을 들으면 자기도 모르게 웹사이트를 보고 확인하게 된다. 그런데 그런 방식으로 헛소문을 퍼뜨린 사람에게 광고 수입이 들어오고 있다. 즉, 헛소문을 퍼뜨림으로써 막대한 이익을 얻는 사람들이 있는 것도 현실이다.

신종 코로나바이러스 감염증의 유행은 우리들의 생활에 엄청난 영향을 초래하였다. 코로나 사태를 극복한 그 앞에는 어떤 세계가 펼쳐질 것인가. 또 포스트 코로나 시대를 어떻게 살아갈 것인가.

30년 후의 세계를 상상해 보기 바란다. 인생 100세 시대인 지금, 미래를 그려보는 상상력이 중요한 시대이다.

미래를 생각하는 힘을 키우는 것은 자신의 인생을 생각하는 것이다. 배우는 방식이나 삶의 방식을 선택하는 것은 개개인 자신에게 달려 있다.

어떤 것이라도 관계없이 흥미를 느끼는 분야가 있으면 독서를 많이 해야 한다. 하루에 30분이라도 상관없으니 책을 읽는 습관을 길러야 한다. 잠시 스마트폰을 내려놓고 활자로 된 책을 읽음으로써 진실로 풍요로운 것이 무엇인지 생각하는 시간을 갖기 바란다.

저명한 경영학자이며 '경영의 아버지'라고 불리는 피터 드러커의 명언을 마지막으로 소개하며 이 책을 끝맺기로 하겠다.

'미래를 알 수 있는 최선의 방법은 미래를 만드는 것이다.'

미주

1) 일본이 러시아와 영토 분쟁 중인 지역. 러시아의 캄차카반도와 일본의 홋카이도 사이의 쿠릴열도 섬 가운데 홋카이도 바로 북쪽에 인접한 에토로후, 쿠나시리, 시코탄, 하보마이의 4개 섬을 일본은 북방영토라고 부르며 러시아에 반환을 요구하고 있다.
2) 지상 배치형 이지스 시스템.
3) 인공지능을 기반으로 한 인간 이미지 합성 기술.

저자 후기

　신종 코로나바이러스의 감염 확대가 일단락되면 '위드 코로나'의 생활을 어떻게 꾸려 갈 것인가. 2022년이 되면 이것이 과제가 되리라고 생각했었는데, 러시아의 우크라이나 침공으로 또 하나의 과제가 클로즈업되었다. 이것은 일본의 안전보장을 어떻게 할 것이냐는 문제이기도 하다.

　러시아의 우크라이나 침공은 푸틴 대통령으로서는 오산투성이가 되고 말았다. 며칠 내로 우크라이나의 수도인 키이우를 제압하여 괴뢰 정권을 세우겠다는 푸틴의 야심이 우크라이나의 완강한 저항에 가로막혀 실현되지 못하고, 오히려 러시아군에게 큰 손해를 입히고 있다.

　이러한 상황 전개를 중국과 북한이 예의주시하고 있다. 특히 중국은 전격적인 군사 침공으로 타이베이(臺北)를 점령하여 최종적으로는 타이완을 제압하겠다는 전략이 실현되기 곤란해졌다는 것을 깨달았을 것이다. 지금쯤은 우크라이나의 정세를 곁눈질하면서 새로운 전략을 세우고 있을 것이다.

이와 동시에 중국은 서구 각국이 어디까지 진지하게 우크라이나를 군사 지원할 작정인지를 추측하고 있다. 만약 중국이 타이완 침공을 단행한다면 미국은 타이완을 군사 지원할 것인가. 아니면 방치할 것인가. 만약 지원한다면 오키나와의 미군 기지가 미군의 거점이 될 것이다. 그럴 경우 일본은 어디까지 미군을 지원할 것인가. 지금 중국은 이러한 여러 가지 시뮬레이션을 여러모로 강구하고 있을 것이 틀림없다.

최근 '타이완 경우는 일본 경우'라는 말을 자주 듣는다. 타이완에서 무슨 일이 벌어지면 바로 가까이에 오키나와가 있기 때문에 일본의 안전보장에도 심각한 영향을 끼치게 된다.

이러한 상황이 발생하면 오키나와에 있는 미군 기지의 존재가 한층 더 중요한 위치를 갖게 될 것이다. 2022년은 오키나와가 본토에 복귀한 지 50년이 되는 해이다. 태평양전쟁 말기, 오키나와에서는 미군과 일본군 사이에 격렬한 지상전이 전개되어 양쪽 합해서 20만 명의 희생자가 발생하였다. 전쟁이 끝나자 이번에는 동서 냉전이 시작되어 미군에게 오키나와는 키스톤(Keystone=중심 거점)이 되었다. 오키나와의 미군 기지에 전투기와 폭격기를 상시 배치하면 유사시에 타이완과 한반도에 단시간에 출격하는 것이 가능하기 때문이다.

이러한 이유로 오키나와의 미군 기지는 좀처럼 축소되지 않고 존속하고 있다. 보천간(普天間) 비행장은 진작에 일본에 반환될 예정이었으나, 이를 대신할 헤노코(辺野古)의 매립 공사가 진척되지 못하여 조기 반환의 전망이 서지 못하고 있다. 게다가 막상 매립 공사가 시작되자 해저의 지반이 연약하다는 것이 밝혀져 공사가 완료되기까지는 상당한 시간이 걸릴 것으로 예상한다.

이미 잘 알려진 사실이지만, 오키나와에는 일본 내에 있는 미군 기지 면적의 70.3%가 집중되어 있다. 오키나와의 면적은 일본의 국토 면적의 0.6%에 불과한데, 오키나와 본도(本島) 면적의 약 15%를 미군 기지가 점유하고 있다. 이로 인하여 미군 병사들에 의한 범죄도 끊이지 않고 있다. 오키나와의 주민들은 이러한 상태로 50년 동안 지내온 것이다. '오키나와의 문제는 일본의 문제'라는 말이 실감 나는 이유이다. 이러한 관점에서 오키나와를 어떻게 발전시킬 것인가, 일본인 모두가 생각하고 몰두해야 할 과제인 것이다.

이케가미 아키라(池上彰)

＜主要参考文献＞

第1章
『多民族の国アメリカ─移民たちの歴史』ナンシー・グリーン／明石紀雄・監修／村上伸子・訳 (創元社)
『そうだったのか！アメリカ』池上彰 (集英社文庫)
『池上彰の世界の見方　アメリカ：ナンバーワンから退場か』池上彰 (小学館)
『池上彰の世界の見方　アメリカ2：超大国の光と陰』池上彰 (小学館)

第2章
『物語　ウクライナの歴史─ヨーロッパ最後の大国』黒川祐次 (中公新書)
『現代ロシアの軍事戦略』小泉悠 (ちくま新書)
『プーチンの国家戦略　岐路に立つ「強国」ロシア』小泉悠 (東京堂出版)
『ハイブリッド戦争　ロシアの新しい国家戦略』廣瀬陽子 (講談社現代新書)
『ウラジーミル・プーチンの大戦略』アレクサンドル・カザコフ／佐藤優・監訳／原口房枝・訳 (東京堂出版)
『アンゲラ・メルケル　東ドイツの物理学者がヨーロッパの母になるまで』マリオン・ヴァン・ランテルゲム／清水珠代・訳 (東京書籍)
『ヨーロッパ戦後史 (上) 1945-1971』トニー・ジャット／森本醇・訳 (みすず書房)
『ヨーロッパ戦後史 (下) 1971-2005』トニー・ジャット／浅沼澄・訳(みすず書房)
『欧州複合危機　苦悶するEU、揺れる世界』遠藤乾 (中公新書)
『EU離脱─イギリスとヨーロッパの地殻変動』鶴岡路人 (ちくま新書)

第3章
『池上彰の世界の見方　中東：混迷の本当の理由』池上彰 (小学館)

第4章
『そうだったのか！中国』池上彰 (集英社文庫)
『池上彰の世界の見方　中国・香港・台湾：分断か融合か』池上彰 (小学館)

第5章
『人新世の「資本論」』斎藤幸平 (集英社新書)
『実力も運のうち　能力主義は正義か？』マイケル・サンデル／鬼澤忍・訳 (早川書房)
『ブルシット・ジョブ　クソどうでもいい仕事の理論』デヴィッド・グレーバー／酒井隆史、芳賀達彦、森田和樹・訳 (岩波書店)

第6章
『〈民主〉と〈愛国〉─戦後日本のナショナリズムと公共性』小熊英二 (新曜社)
『ニッポン　未完の民主主義─世界が驚く、日本の知られざる無意識と弱点』池上彰、佐藤優 (中公新書ラクレ)

모르면 창피한 세계의 대문제

- 현대사의 대전환점 -

초판 **1쇄 인쇄** 2023년 1월 25일 | **초판 1쇄 발행** 2023년 1월 30일

지은이 이케가미 아키라 | **옮긴이** 이정용 | **펴낸이** 임용호 | **펴낸곳** 도서출판 종문화사

표지·본문디자인 Design siru | **마케팅** 박경석 | **인쇄 제본** 도담

출판등록 1997년4월1일 제22-392 | **주소** 서울시 은평구 연서로 34길2 3층

TEL (02)735-6891 | **FAX** (02)735-6892 | **E-mail** jongmhs@naver.com

값 17,000원 ⓒ 2023, Jong Munhwasa printed in Korea

ISBN 979-11-87141-78-5 (03300) | 잘못된 책은 바꾸어 드립니다.